Make your LIFE shine!

STYLE DEINE WELT
MIT MAVIE NOELLE

arsEdition

Hey,
LEUTE!
TOMORROW YOU WISH YOU HAD STARTED TODAY

Tadaa – HERZLICH WILLKOMMEN IN meinem NEUEN BUCH!

Ich freue mich riesig, dass du diese Zeilen liest und Lust hast, mit mir zusammen deine Welt zum Strahlen zu bringen! 😌 Für jede Jahreszeit habe ich die coolsten DIYs und Styling-Tipps zusammengestellt, sodass du Frühling, Sommer, Herbst und Winter so richtig genießen kannst. Aber zuerst schauen wir uns zusammen an, wie man überhaupt den eigenen Style findet und wo man ihn überall zur Geltung bringen kann. Glaub mir, nach diesem Buch hast du bestimmt eine ganze Menge neue Ideen für deine Zimmerdeko, deine Outfits und alles, was dazugehört.

Hast du Lust, loszulegen?

ICH WÜNSCH DIR GANZ VIEL SPASS!

Deine Mavie

Teile doch deine Fotos mit mir – zum Beispiel auf Instagram mit #mavienatics

Express yourself AND MAKE YOUR LIFE SHINE!

Kannst du in aller Kürze beschreiben, was deinen Stil ausmacht? Klamotten, Deko, Musik ... All das hat etwas damit zu tun. Überall können dein Charakter, deine Interessen und Lieblingsfarben sich wiederfinden! Wie du selbst verändert sich auch dein Geschmack über die Monate oder Jahre, das ist dir sicher auch schon aufgefallen. Mach den folgenden Test, um herauszufinden, was deinen Stil einzigartig macht!

WELCHER SPRUCH KÖNNTE AUF EINEM DEINER SHIRTS STEHEN?

- ♥ Keep it simple!
- ● Follow your dreams!
- ■ Stay shiny!
- ▲ Never give up!

WAS IST DAS AUFFÄLLIGSTE KLEIDUNGSSTÜCK IN DEINEM SCHRANK?

- ● Ein gehäkeltes Top, das ich mal aus einem Urlaub in Portugal mitgebracht habe
- ♥ Jeans mit Schlitz an beiden Knien
- ▲ Eine Sporttight mit blauem Farbverlauf
- ■ Ein lila Hoodie mit kleinen Glitzersternchen darauf

WIE SIEHT DEIN SCHREIBTISCH AUS?

- ▲ Neben meinen Schulsachen steht auf jeden Fall meine Trinkflasche bereit, außerdem immer ein Schälchen mit Nüssen oder Energy Balls.
- ♥ Alles hat seinen Platz, ich habe nur wenige Stifte und kaum Deko. Meine Schulsachen räume ich immer gleich weg, wenn ich mit den Hausaufgaben fertig bin.
- ■ Viiiele Stifte und andere Utensilien, mein Laptop und außerdem ein paar fancy Dekoobjekte, die ich immer wieder austausche.
- ● Zwischen zwei kleinen Zimmerpflanzen liegen Souvenirs wie Muscheln oder Fotos, meine Stifte und mein Lieblingsnotizbuch.

WAS IST DEIN LIEBLINGSGETRÄNK?

■ Irgendwas Trendiges wie Pink Drink oder Frappuccino
● Tee in allen Sorten, im Sommer auch gerne kalt!
▲ Stilles Wasser oder »Infused Water« mit Minze- oder Beerengeschmack
♥ Mineralwasser oder Saftschorle

AUFLÖSUNG: Welches Symbol hast du am meisten angekreuzt? Schau hier nach, was dein Style ist!

♥ Weniger ist mehr! Du brauchst nicht viel, um dich auszudrücken, und bist super organisiert. Dir steht die einfache Kombi Jeans und T-Shirt am besten und du hast ein paar Lieblings-Accessoires, die du immer wieder gerne trägst. In meinem Buch wirst du viiiele Trends finden, mit denen du frischen Wind in dein Leben bringen kannst! Make it shine!

● Be wild and free! Du magst die Natur und bist romantisch. Boho-Holzketten, Korktaschen, natürliche Farben und Materialien prägen deinen Look und dein Zimmer. Bring doch mal ein paar Akzente in deinen Style und leb dein Leben bunter!

■ Glow up! Ästhetische Designs und Trends sind dir wichtig, du trägst gerne Prints auf deinen Klamotten und hast in deinem Zimmer coole Details wie einen Galaxy-Projektor oder einen Retrowecker. Finde die goldene Mitte und runde deinen Style durch ein paar neutrale Farben oder Outfits ab.

▲ Just do it! Bei dir dreht sich alles um Sport und es gilt: Hauptsache praktisch! Deine Kleidung ist bequem und funktional, du trägst wenige Accessoires und alles, was wichtig ist, findest du immer in deinem Rucksack. Hast du Lust auf ein paar schöne Umstylings für dich und dein Zimmer? Dann viel Spaß mit meinem Buch!

more
self love
BABY
WELCOME
stay
CURIOUS
LIFE
IS BETTER
AT THE
BEACH
AND
SO THE
ADVENTURE

FINDE DEINEN EIGENEN Style!

Das hört sich schwieriger an, als es ist – denn meistens hast du bereits einen eigenen Geschmack und Stil, kannst ihn aber bisher nicht mit Worten beschreiben. Außerdem hat dir der Test auf der vorherigen Seite sicher schon eine Richtung gezeigt. Ein einfacher Weg zu deinem eigenen Style ist, Fotos von Lieblingsoutfits zu machen, die du schon im Schrank hast. Außerdem helfen auch Fotos von Dekoobjekten oder Ecken in deinem Zimmer, die dir besonders gut gefallen. Absolut inspirierend sind auch Screenshots oder Fotos von deinen Vorbildern: Welche Klamotten und Frisuren tragen sie? Wie stylen sie ihr Zimmer? Schau dir alle Bilder dann aufmerksam an: Was wiederholt sich? Bestimmte Farben bei Möbeln, Symbole oder Sprüche auf Karten und T-Shirts, High-Waist-Jeans, weite Jacken über Crop Tops ...? Die Sachen, die sich auffällig oft wiederholen, gefallen dir logischerweise am besten. Und genau da wartet die Grundlage für deinen Look!

Ideen, um diesen Style dann auch umzusetzen, gibt es unendlich viele. Man muss einfach die Augen offenhalten und selbst ein bisschen kreativ werden! Und glaub mir, auch du kannst kreativ sein. Und jede:r hat einen eigenen Stil – minimalistisch in Schwarz-Weiß, Boho-Style mit natürlichen Farben und Materialien, Aesthetic-Designs mit coolen Farb- und Lichteffekten, sportlich bequem ...

Was spricht dich am meisten an? 😌

Ich finde Frühling immer so schöööön - endlich kommt die Sonne wieder raus, man hört die Vögel überall zwitschern und es wird nicht mehr ganz so früh dunkel. Zeit, aus dem Winterschlaf zu erwachen! 😉 Ich bin dann immer viel happier als in den dunklen Wintermonaten, wenn es draußen kalt und nass ist. Du merkst sicher auch, wie viel motivierter du plötzlich bist, oder? Jetzt ist die Zeit, um alte Sachen auszumisten und Farbe in dein Leben zu bringen! Ich wünsche dir viel Spaß beim Entdecken meiner Frühlingsideen auf den nächsten Seiten - für dein Zimmer, deine Outfits, zum Verstauen, Verschenken und Nachmachen. ♥

10 DINGE, OHNE DIE ICH IM FRÜHLING NICHT LEBEN KANN …

Klamotten ausmisten

Süße Muster wie Pünktchen oder Streifen

Softe Pastellfarben

Viele Blumen

Frischen Wind im Zimmer mit schöner Frühlingsdeko

Kuscheln mit meiner Katze Linda, wenn ihr Fell von der Sonne schon ganz warm ist ♥

Endlich wieder mit Sonnenbrille rausgehen

Erdbeerkuchen

Neues anfangen (z. B. Bücher, Projekte, Sportarten)

Spaziergänge in der Sonne

VOLL CUTE: BLUMENKRANZ FÜR SCHÖNE FRÜHLINGSFOTOS

Frühling ohne Blumen ist wie Sommer ohne Sonne! Oder so ähnlich. 😀 Jetzt ist es endlich wieder möglich, rauszugehen ins Grüne, ein paar Blumen zu pflücken und süße Frühlingsfotos zu machen. Ein Blumenkranz ist das perfekte Accessoire dafür! Du kannst ihn direkt auf der Wiese binden oder flechten, aber auch aus unechten Blumen und einem Haarreif oder Haarband lässt sich ganz easy Blumenschmuck für deine Frühlingsfrisur basteln.

WAS DU DAFÜR BRAUCHST:

- Unauffälligen Haarreif oder stabiles Haarband
- Ca. 5–7 Fake-Blumen deiner Wahl, je nach Größe – ich finde verschiedenfarbige Rosen superschön! Die größte Blüte würde ich dann in die Mitte setzen und nach außen hin immer kleiner werden.
- Heißklebepistole

Schneide von den Blumen die Stiele ab, sodass nur noch jeweils die Blüte mit einem Stückchen Stiel übrig bleibt. Leg unbedingt Zeitungspapier auf den Tisch, wenn du anfängst zu kleben! Gib einen oder mehrere Tropfen Heißkleber auf deinen Haarreif oder das Haarband und drücke die Blumen eine Weile in der richtigen Position auf die Klebestelle, bis der Kleber abgebunden hat. So machst du weiter, bis alle Blüten schön nebeneinander festgeklebt sind.

Und jetzt: Blumenkrone und Frühlingsoutfit an und ab in die Sonne mit dir! Blättere doch einmal weiter, dort findest du ein paar Ideen, wie du auf den Fotos am besten posierst.

IT'S Photo TIME!!!

Kennst du das: Du hast ein tolles Outfit an, die Haare sitzen, du willst ein cooles Foto für Instagram machen – und dann weißt du einfach nicht, wie du dich hinstellen sollst? Keine Angst, das geht uns allen so. Es gibt aber ein paar easy Posing-Tipps, probier sie doch gleich mal aus! Ich finde immer die Haltungen am schönsten, die trotzdem noch natürlich aussehen und nicht zu gestellt. Schließlich sollen die Fotos ja die Person zeigen, die du bist! Es lohnt sich auf jeden Fall, ein bisschen herumzuprobieren, bis du deinen eigenen Style für Fotos gefunden hast.

Verträumter Blick zur Seite oder nach unten – fängt dich in deinen schönsten Momenten ein! Du kannst auch mit der Hand eine Haarsträhne hinters Ohr streichen.

Bleib in Bewegung! Diese Fotos wirken dynamisch und natürlich. Springe, hüpfe, tanze, dreh dich oder schwing die Arme nach oben – sei ganz du selbst und hab Spaß!

Einmal hinsetzen, bitte! Im Sitzen kann man meistens besser chillen, und das sieht man den Fotos an!

Schnapp dir einen Gegenstand: Ein Fächer, eine Flasche, eine Blume oder ein Coffee-to-go-Becher helfen dir, wenn du nicht weißt, wohin mit deinen Händen. 😌

Bild vom Bild vom Bild ... Lass dich dabei fotografieren, wie du gerade ein Selfie von dir machst.

Spieglein, Spieglein, an der Wand – ein Spiegel-Selfie ist immer eine kreative Idee.

GANZ GROSSE Orgaliebe!

Wer mir schon länger folgt, weiß, wie sehr ich es liebe, wenn alles schön verstaut ist und mein Chaos irgendwann wieder aufgeräumt ist. Es gibt so coole Kisten wie auf dem Foto, die man mit zwei größeren Nägeln einfach an der Wand befestigen kann. So finden Sonnenbrillen, Stifte oder anderer Kleinkram ganz schnell einen Platz – und dein Zimmer ist ruckzuck aufgeräumt!

HIER KOMMEN NOCH EIN PAAR WEITERE TIPPS ZUR ORGANISATION FÜR DICH:

- Wenn du verschiedene Ordner oder Mappen hast, in denen du lose Blätter, Zettel und Papierchen sammelst, gib ihnen mit Washi Tape oder Nagellackstreifen ein kleines, persönliches Label. Na, wie viele Nagellackfarben finden sich bei dir?
- Lege dir kleine Boxen und Kisten in schönen Designs zu, um deine Kosmetiksachen, Socken, Stifte, Ladekabel, Gürtel oder andere kleine Dinge in deinem Schrank oder im Badschrank besser zu verstauen.
- Stell dir deinen Handytimer! Wenn du z. B. weißt, dass jetzt 15 Minuten Aufräumzeit vor dir liegen, weißt du auch, dass es danach schon geschafft ist.
- Lass beim Aufräumen Lieblingsmusik oder ein Hörspiel laufen.

Hast du es gemerkt? Du kannst deinen Stil sogar beim Zimmeraufräumen und Sachenordnen entfalten. Ist das nicht cool?! Ordnung muss nicht langweilig sein.

KAKTUS-PINS FÜR DEINE PINNWAND

WAS DU DAFÜR BRAUCHST:

- Heißklebepistole und grüne Klebepatronen
- Reißzwecken
- Weiße Acrylfarbe und dünnen Pinsel (oder Zahnstocher)
- Hitzebeständige Unterlage (z. B. alte Silikonmatte für den Backofen, diese danach aber nicht mehr zum Backen verwenden! Ansonsten geht auch ein Brett, das du mit Backpapier auslegst.)

»Male« mit der Heißklebepistole frei Hand (oder mit einer selbst gemachten Vorlage) kleine Kakteen direkt auf die Unterlage. Lass die Klebekakteen auskühlen und löse sie dann vorsichtig von der Matte ab. Verziere die Minikakteen mit weißen Pünktchen und klebe, wenn die Farbe getrocknet ist, mit einem Tropfen Heißkleber die Reißzwecken auf die Kakteenrückseite.

MEIN TIPP: Du kannst natürlich auch andere Motive für deine Pins auswählen, aber die Kakteen sind echt ein super Einsteigerprojekt.

Collagenwände: Dein Vision Board für jede Jahreszeit

Ich bin mir sicher: Die Collagenwände in meinem Zimmer hast du schon in mehreren meiner Videos gesehen! 😌 Wenn du dein Zimmer umgestalten willst, kannst du dadurch auf eine einfache Art total schnell Style reinbringen! Es gibt im Internet schon vorgestaltete Collagen-Kits zum Bestellen. Oder du suchst dir einfach selbst eine Sammlung von schönen Fotos, Sprüchen und Symbolen online aus und lässt sie in einem Copyshop auf dickerem Papier in DIN-A4-Größe ausdrucken.

Du hast natürlich die Qual der Wahl: Du kannst die Bilder in deinen Lieblingsfarben auswählen oder du nimmst dir einen konkreten Anlass. Die aktuelle Jahreszeit, ein Motto wie »Flower Power« oder »California Dreaming« oder ein Fest wie Ostern, Halloween oder Weihnachten. Ich dekoriere meine Wände regelmäßig neu, dadurch bekomme ich immer neue Inspiration und Motivation und mein Zimmer einfach frischen Wind. Die Collagen sind für mich wie ein »Vision Board«, ich wähle also auch Motive aus, die ich vor Augen habe, wenn ich an meine größten Träume und Ziele denke. Dann habe ich sie immer um mich! Ich hoffe, dass sich dadurch auch ein paar meiner Wünsche erfüllen werden …

Hier kommen zwei Fotos von meinen Collagenwänden – zu ganz unterschiedlichen Themen! Welche gefällt dir besser? 😃

YAY!

LET your light SHINE!

EFEU-LICHTERGLAS FÜR DEIN ZIMMER

WAS DU DAFÜR BRAUCHST:

- Glasvase oder großes Einmachglas
- LED-Lichterkette (batteriebetrieben)
- Künstlichen Efeu

Superschnell und supereinfach! Alles, was du tun musst, ist die Lichterkette und den Efeu schön in dem Gefäß anzuordnen. Lichterkette anknipsen und – fertig ist dein Lichterglas!

Lichterketten sind definitiv meine liebsten Dekoobjekte, und es wäre doch wirklich zuuu schade, wenn man sie nur in der Weihnachtszeit verwenden würde.

Live
LIFE
IN full
bloom!

DEIN FRÜHLINGS-Moodboard:

WAS INSPIRIERT DICH?

Ich hoffe, du hast bisher in meinem Buch schon viele Ideen sammeln können, wie du deinen eigenen Style im Frühling kreativ ausleben kannst. Jetzt bist du dran: Erschaffe dein eigenes Moodboard für den Frühling! Nimm alle Schnipsel, Zeitschriftenausschnitte, Postkarten, ausgedruckten Sprüche und Bilder zur Hand, die für dich zum Frühling passen, und klebe sie hier auf diese Doppelseite.

DEIN #OOTD:

Style dich WIE deine BFF!

Du hast richtig gelesen: Dein heutiges Outfit ist eine Challenge, yay! Keine Angst, es wird richtig cool, das verspreche ich dir. Alles, was du tun musst, ist, dich wie deine beste Freundin zu stylen. Schau dir erst mal ein Foto von ihr an – wenn du sie nicht eh schon in- und auswendig kennst. ♥ Wie ist ihr Style? Bequeme Jeans oder Leggings? T-Shirt oder Kleid? Gemustert oder schlicht? Glatte Haare oder natürliche Wellen? Viel Mascara oder wenig? Und jetzt ab mit dir an deinen Kleiderschrank – suche alles heraus, was zum Stil deiner BFF passen könnte, und verwandle dich in sie.

Noch lustiger wird die Challenge natürlich, wenn sie am selben Tag deinen Style kopiert und ihr Fotos von euch zusammen macht. Die Frage ist: Wer ist wer? 😉

Wenn dir diese Challenge Spaß gemacht hat, habe ich auf der nächsten Seite noch mehr coole Ideen für dich.

OUTFIT-CHALLENGES

Tadaaa! Sei kreativ und probier einfach mal verschiedene Stylings aus! Style dich zum Beispiel ...

... wie dein:e Lieblingsschauspieler:in.

... wie ein Elternteil in seiner/ihrer Jugend.

... wie dein:e liebste:r YouTuber:in. 😉

... wie dein Vorbild.

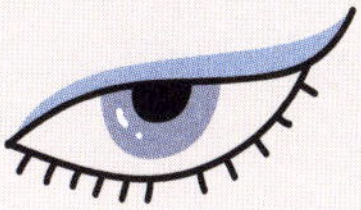

... komplett in Schwarz-Weiß.

... ganz ohne Muster.

... nur in deinen Lieblingsfarben.

... innerhalb von fünf Minuten – inklusive Haare und Make-up!

... wie für die Oscar-Verleihung.

MEINE TIPPS FÜR DICH:

Wie stellt man EIN COOLES OUTFIT zusammen?

Wenn in deinem Schrank Ordnung herrscht, wird es dir viiiel leichter fallen, einzelne Kleidungsstücke miteinander zu kombinieren. Hänge deine Hosen alle nebeneinander, alle Kleider und Röcke zusammen, die Oberteile kannst du nach Anlass ordnen – also z. B. Sachen zum Chillen, Winterpullis, Sommertops, besondere Oberteile usw. – und mach einen extra Stapel für Basics. Wenn du ein Lieblingsoutfit hast, versuche, ähnliche Outfits zu kreieren. So musst du nicht lange suchen und hast immer etwas an, was du liebst.

Überleg dir als Erstes, in welcher Stimmung du bist und für welchen Anlass du ein Outfit zusammenstellen magst. Für die Schule, das Treffen mit der BFF oder den nächsten großen Geburtstag? Was soll deine Akzentfarbe sein? Welche Farben passen dazu, ohne den Akzent abzuschwächen? Vergiss auch nicht kleine Details wie ein schönes Armband oder mehrere Ringe an einer Hand. Wenn eines der Kleidungsstücke eine auffällige Struktur, Fransen oder eine knallige Farbe hat, kombiniere es eher mit unauffälligen Basics. Ist dein gesamtes Outfit eher neutral gehalten, gib ihm mit einem Statement-Accessoire wie einer auffälligen Kette, einer trendigen Sonnenbrille oder einer coolen Crossbody-Bag einen kleinen Push. Dein Pulli ist weinrot und du hast Sneakers mit weinrotem Logo? Perfektes Match!

Es hilft auch, die ausgewählten Kleidungsstücke zusammen schön auf dem Bett anzuordnen oder auf eine Kleiderstange zu hängen. So siehst du das fertige Outfit und kannst nach Belieben und ohne großen Aufwand noch eine Tasche, einen Gürtel oder andere Accessoires ergänzen.

FINDE DEIN GLEICHGEWICHT ZWISCHEN »ZU VIEL« UND »ZU WENIG«.

SEI. wie du bist,
NICHT WIE ANDERE
DICH gerne HÄTTEN!

Polaroid-Wand
VOLLER ERINNERUNGEN

Bring all deine Freunde, Freundinnen und deine Family an deine Wand! Es gibt sooo viele stylische Anordnungsmöglichkeiten für Fotos, da kann man sich eigentlich kaum entscheiden.

Überlege dir als Erstes, wo in deinem Zimmer du eine freie Wand hast, um viiiiele Fotos aufzuhängen. Über dem Bett? In Herzform über dem Schreibtisch? Um deinen Spiegel herum? Nimm dir danach genug Zeit, um auszuwählen, welche Fotos du wirklich aufhängen willst. Gar nicht so leicht, die schönsten Erinnerungen auszuwählen! Wenn du die Fotos schon auf Papier vor dir hast, bist du startklar – ansonsten brauchst du noch einen guten Drucker oder einen Spaziergang in die nächste Drogerie, in der man Fotos ausdrucken kann. Es sieht auch cool aus, wenn die Fotos unterschiedliche Größen haben, aber das bleibt ganz deiner Kreativität überlassen.

Zum Aufhängen nimmst du am besten kleine Klebepads von bekannten Marken, die lassen sich auch gut wieder ablösen, wenn du mal umdekorieren willst oder deine Fotoauswahl sich verändern soll. Das kann ja zwischendurch mal passieren! 😌

Auf dieser Seite findest du verschiedene Layouts, wie du deine Fotos aufhängen kannst. Wenn du sie über eine Zimmerkante verteilst, bekommt das Ganze einen coolen 3-D-Effekt.

There is enough room for all of your light!

83

FÜR DICH ODER ALS BFF-GESCHENK:

FRÜHLINGS-Buchstaben-KEKSE

Diese Kekse kannst du natürlich auch in anderen Jahreszeiten backen, aber ich finde es einfach sooo cool, was für eine schöne (essbare) Frühlingsdeko sie ergeben! 💜

WAS DU DAFÜR BRAUCHST:

- Buchstabenausstecher
- Backpapier

FÜR DEN TEIG:

- 225 g Mehl
- 150 g weiche Butter oder Margarine
- 75 g Puderzucker
- 1 TL Vanilleextrakt (flüssig)
- 1 EL Milch oder Mandelmilch

ZUM VERZIEREN:

- 150 g Puderzucker
- 2 EL Wasser
- Nach Belieben Lebensmittelfarbe, essbare Blumen oder Zuckerblüten

Gib das Mehl mit den anderen Teigzutaten in eine Schüssel und rühre mit den Knethaken des Mixers alles zu einem glatten Mürbeteig zusammen. Wickle den Teig in Frischhaltefolie und leg ihn ca. eine halbe Stunde in den Kühlschrank.

Heize den Backofen vor (Ober-/Unterhitze, 180 °C) und belege ein Backblech mit Backpapier. Gib genügend Mehl auf die Arbeitsfläche und rolle den Teig dünn aus. Stich die gewünschten Buchstaben aus, leg sie auf das Blech und gib dieses für 10–12 Minuten in den Ofen.

Nach dem Abkühlen kannst du Puderzucker mit Wasser zu einem Zuckerguss verrühren. Wenn du möchtest, färbe den Guss (oder einen Teil davon) mit Lebensmittelfarbe ein, verstreiche ihn auf den Keksen und dekoriere diese, solange der Guss noch weich ist. Nach dem Trocknen kannst du die Kekse verschenken oder natürlich selbst naschen! 😉

MAVIE

FLOWER Power FÜR DEIN ZIMMER

Mit künstlichen Blumen verschönerst du blitzschnell dein Zimmer – ohne dass die schönen Blumen in einer Vase verwelken. Such dir einfach eine Wand in deinem Zimmer aus, die genügend Platz für Blumendeko hat: die Wand hinter deinem Bett, um deinen Spiegel herum, direkt neben der Zimmertür ... Und jetzt hast du die Wahl: Willst du viele verschiedene kleine Blumen in allen möglichen Farben aufhängen? Oder sollen es lieber einzelne große Blüten in deiner Wandfarbe sein? Sollen sie gerade nebeneinander oder wild durcheinander hängen? Das kommt ganz darauf an, was du am schönsten findest.

Neben Fake-Blumen benötigst du nur etwas zum Aufhängen: Schau dich am besten im Schreibwarenladen nach doppelseitigem Klebeband oder anderen Klebepads um, die du gut wieder von der Wand ablösen kannst. Und dann:

AN DIE WAND KLEBEN UND FREUEN!

BLUMIGES SCHMUCKKÄSTCHEN

In dieser Schmuckaufbewahrungsbox sind vor allem deine Ringe (aber auch anderer Lieblingsschmuck) gut aufgehoben - und noch dazu ist sie ein echter Blickfang auf deiner Kommode oder im Regal.

WAS DU DAFÜR BRAUCHST:

- Kleine, aufklappbare Holzbox mit Verschluss aus dem Bastelgeschäft (oder, wenn du so etwas hast, eine schöne Box, die mal eine Verpackung für Schmuck war)
- Acrylfarben (ich habe Rosa ausgewählt ❤)
- Künstliche Blumen oder Blüten, am besten richtig voluminöse (3-4 Stück), Stiel bis auf ein paar Zentimeter abschneiden
- Heißkleber
- Mehrere DIN-A4-Bögen weißes Papier
- Bleistift und Schere
- Breites Washi Tape
- Dünnes weißes Filzpapier

Male deine Box komplett (also innen und außen) mit Acrylfarbe an (wenn nötig, in zwei Lagen). Lass die Farbe trocknen. Leg 4-5 Bögen Papier aufeinander und teile das oberste DIN-A4-Blatt mit dem Bleistift in sechs gleich große Teile, wie hier in der Vorlage angegeben.

Schneide die vier- oder fünflagigen Rechtecke aus und drehe sie jeweils zu einer dicken kleinen Rolle zusammen. Um die Rollen zu fixieren, klebe breites Washi Tape an die offene Kante. Schneide die Rollen in der Länge zu, sodass sie genauso lang sind, wie deine Box breit ist. Schlage die Rollen in dünnes Filzpapier ein (je mit einem Streifen Heißkleber fixieren), sodass sie schön gespolstert sind. Gib Heißkleber auf den inneren Boden deiner Box und drück die Rollen eng hintereinander in die Box. Während sie trocknen, kannst du die einzelnen Blüten mit Heißkleber auf dem Deckel fixieren. Fertig! Jetzt kannst du deine Ringe schön in die Zwischenräume stecken und sie so sicher verwahren.

GRÜN oder PINK?

Diese leckeren Rezepte musst du unbedingt nachmachen!
Bist du #teamgrün oder #teampink? Beide Rezepte kennst du vielleicht aus bestimmten angesagten Cafés ... 😍

MATCHA LATTE*

WAS DU PRO TASSE BRAUCHST:

- 1/2 TL Matchapulver (gibt es inzwischen in vielen Supermärkten oder Drogerien
- Wasser
- Nach Belieben: Honig oder Agavendicksaft
- Elektrischer Milchaufschäumer oder kleiner Schneebesen
- Mandel-Kokosmilch (oder auch Kuhmilch oder andere Pflanzenmilch)

Übergieße das Pulver in deiner Tasse mit heißem, aber nicht kochenden Wasser. Rühre den Matcha gut um oder schäume ihn mit dem Milchaufschäumer auf. Wenn du es etwas süßer magst, gib noch Honig oder Agavendicksaft hinzu. Die (Pflanzen-)Milch muss jetzt nur noch aufgeschäumt und auf den Matchatee gegeben werden. Mmmh, lass es dir schmecken!

*Achtung, Matchatee ist koffein- bzw. teinhaltig. Am besten fragst du deine Eltern, ob du eine Tasse davon trinken darfst. 😌

PINK DRINK

WAS DU PRO GLAS ODER TASSE BRAUCHST:

- 200 ml Kokosdrink (nicht Kokosmilch aus der Dose, sondern die aus dem Tetra Pak® - ihr wisst schon, was ich meine! 😌)
- 1 Beutel Hibiskustee
- 50 g TK-Beeren (gemischt oder nur deine Favorites)
- Eiswürfel
- Wenn es noch etwas süßer sein soll: Agavendicksaft

Gieße die Teebeutel jeweils in einer Tasse auf und lasse sie ca. 5 Minuten ziehen. Den Tee danach vollständig abkühlen lassen. Gib ein paar Eiswürfel und die TK-Beeren in ein hohes Glas, und fülle das Glas zu 2/3 mit dem kalten Tee und zu 1/3 mit der Kokosmilch. Rühre alles zusammen vorsichtig um und - genieße!

Yaaaay, endlich ist er da: der Sommer, meine absolute Lieblingsjahreszeit! 😌 Es gibt für mich nichts Schöneres, als die ganze Zeit draußen zu sein, die Sonne zu genießen, schwimmen zu gehen oder irgendwas Leckeres zu essen oder zu trinken. Jetzt ist die richtige Zeit, um deine Outfits sommertauglich zu machen, schöne Erinnerungen mit den Freundinnen zu sammeln und deinen Style in deinen Lieblings-Sommerfarben auszuleben! Lass dich inspirieren und genieß den Sommer!

Hey SUMMER!

10 DINGE, OHNE DIE ICH IM SOMMER NICHT LEBEN KANN ...

Bunte Trendfarben

Luftige Materialien bei meinen Outfits

Lange Sommerabende

Smoothies

Lieblingsfrisuren

Im kalten (oder kühlen 😉) Wasser baden

Zeit mit Freundinnen

Wassermelone

Dreamy Motive, die Fernweh wecken

Trampolinspringen

»NUR« ein T-Shirt? VON WEGEN!

Mit einem weißen Basic-T-Shirt hat man so viele Möglichkeiten! Hier kommen fünf sommerliche Styling-Ideen von mir für dich. Am besten ist es, wenn es kein hautenges Shirt ist, sondern es dir eher boyfriend-mäßig ein bisschen zu groß ist.

1. MIT GÜRTEL UMSCHLAGEN (»TUCKED IN«)

Verwende einen Gürtel, um den unteren Rand deines T-Shirt in der Taille festzumachen. Lass den restlichen Stoff darüberhängen,, sodass es so aussieht, als hättest du es in die Hose gesteckt.

2. ABSCHNEIDEN UND BATIKTECHNIK (»TIE-DYE«)

Schneide die Ärmel und die Länge etwas kürzer, sodass die Ränder sich etwas wellen. Es darf ruhig bauchfrei sein, wenn du das gerne trägst. Schau dir zu der Batiktechnik am besten im Internet ein Video an - du brauchst dafür jedenfalls nur dein Shirt, Küchengummis oder Schnur, Textilfarbe(n) und Einmalhandschuhe.

3. MIT KNOTEN VORNE (SICHTBAR)

Je nachdem, wie weit das Shirt ist, kannst du den Knoten aus zwei Zipfeln machen oder aus einem - in dem Fall drehst und verzwirbelst du den Stoff wie deine Haare bei einem Dutt. Wenn der Stoff so einen Knoten nicht hergibt, nimm dafür einfach einen unauffälligen Haargummi.

4. MIT KNOTEN VORNE (UNSICHTBAR)

Mega easy: Du machst den Knoten wie bei Nummer 3, aber drehst den Knubbel am Ende nach innen. So wird dein Shirt kürzer und der Knoten unsichtbar.

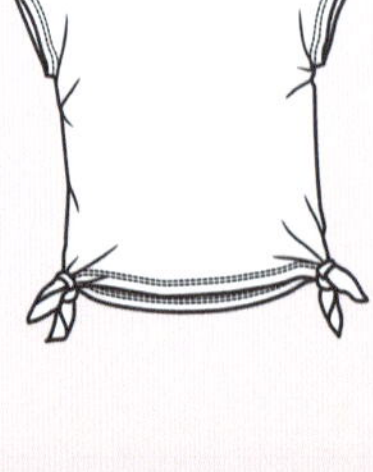

5. MIT ZWEI KNOTEN RECHTS UND LINKS

Auch sehr süß im Sommer: Rechts und links jeweils einen Knoten machen - wenn nötig, auch hier wieder mit zwei Haargummis.

DIE BESTE FARBE
AUF DER GANZEN
Welt ist die,
DIE gut AN
DIR AUSSIEHT.
COCO CHANEL

Destroyed Jeans SELBER MACHEN

Im Sommer sind Jeans mit Schlitzen und Löchern (sogenannte Destroyed Jeans, also »zerstörte Jeans«) einfach megagut zu kombinieren. Als Shorts, cropped Jeans oder ein bisschen hochgekrempelt: Hier zeige ich dir, wie du diesen coolen Used-Effekt ganz einfach selbst machen kannst! Am besten übst du erst einmal an älteren Jeans, die du nicht mehr trägst. 😉

WAS DU DAFÜR BRAUCHST:

- Jeans oder Jeansshorts
- Reibe (z. B. so eine Handreibe für Parmesan 😉) oder Schmirgelpapier
- Nahtauftrenner (aus dem Nähzubehör) oder eine spitze Pinzette
- Schere
- Kreide oder Schneiderkreide

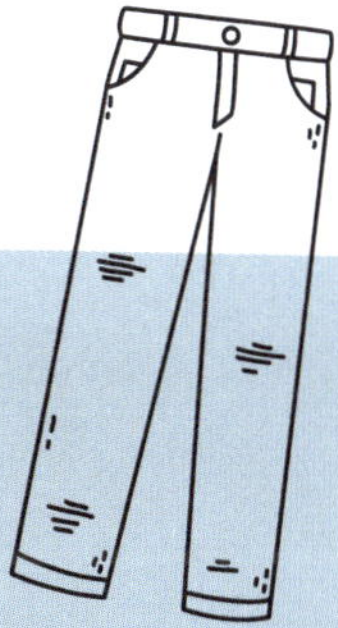

Markiere mit ein paar Kreidestrichen auf den Jeans den Bereich, den du aufrubbeln willst. Schneide die Jeans an den Strichen etwas ein und mache so ein paar waagerechte Schlitze in das Material. Ziehe mit dem Nahtauftrenner oder der Pinzette ein paar der blauen Fäden raus – so erscheinen nach und nach die weißen Fäden, die jetzt nicht mehr durch die blauen verdeckt werden. Nimm die Reibe oder das Schmirgelpapier zur Hand und reibe das Material um die Schlitze herum (oder an den Hosentaschen) in horizontaler Richtung etwas ab. So bleiben die weißen Fäden erhalten und du erhältst genau den Look, den du dir wünschst!

Noch ein kleiner Tipp von mir: Wenn es nicht geklappt hat, kannst du die Jeans ganz einfach abschneiden und zu Shorts umfunktionieren. 😉

DIY: BUNTE ARMBÄNDER ODER PHONE CHAINS

Selbst gemachte Armbänder sind richtig toll, weil du sie ganz individuell designen kannst. Mit Perlen in deinen Lieblingsfarben, kleinen Zwischenelementen wie Herzen oder Sternen oder Buchstabenperlen für deinen Namen oder deine Lieblingswörter. So richtig schön wird es, wenn du mehrere Armbänder machst und an einem Handgelenk trägst, oder wenn du deinen Freundinnen oder jemandem aus der Familie welche zum Geburtstag schenkst. So habt ihr euch immer dabei! 😌 Aus den Materialien, die du für die Armbändchen benötigst, kannst du ganz einfach auch ein Handyband machen, das du als Schmuck einfach seitlich an deiner Handyhülle befestigst.

WAS DU DAFÜR BRAUCHST:

- Perlen in deinen Lieblingsfarben und -formen, aus Holz oder Plastik
- Buchstabenperlen, wenn du einzelne Wörter integrieren möchtest (z.B. HEY, BEACH, ALOHA oder deinen Namen)
- Zwischenelemente wie Herzen oder Sterne, die aus dem Armband etwas Besonderes machen
- Elastische Nylonschnur
- Schere

Fädle alle Perlen, die du kombinieren möchtest, in der richtigen Reihenfolge auf die Nylonschnur auf, sodass das Armband gut um dein Handgelenk passt. Knote am Ende die Schnur mit einem Dreifachknoten zu und ziehe eine Perle über den Knoten, damit man ihn nicht sieht. Schon ist das Armband ready zum Verschenken oder Selbertragen! 😌

MEINE NAGEL-STYLINGIDEEN FÜR DEN SOMMER

Es sind die kleinen Details, die aus einem Tag (oder einem Outfit 😉) etwas Besonderes machen. Die Fingernägel mit viel Liebe zum Detail zu stylen finde ich gerade im Sommer sooo schön! Und es gibt viele verschiedene Möglichkeiten, wie du es mir nachmachen kannst. Es braucht dazu nicht unbedingt ein Nagelstudio, denn vieles kannst du (mit ein bisschen Hilfe) auch einfach selber machen. Bei allen Varianten am Ende den Klarlack als Überlack nicht vergessen, damit dein Look auch schön lange hält.

NAGELSTICKER: Lackiere deine Nägel in einer sommerlich-knalligen Grundfarbe und klebe kleine Nagelsticker darauf – die gibt es z. B. in der Drogerie. Wähle dabei sommerliche Motive aus (Erdbeere, Wassermelone, Welle, Sonne, Muschel ...).

EINER, DER AUS DER REIHE TANZT: Lackiere alle Nägel bis auf einen in derselben Farbe, lackiere diesen z. B. in einer helleren Farbe und klebe nur auf den einen einen besonderen Nagelsticker, z. B. mit einem Blatt- oder Zweigmotiv.

ES GLITZERT: Lackiere alle Nägel in einer Farbe, z. B. in hellem Rosa, und tauche die Nägel (noch während der Nagellack feucht ist) zur Hälfte in ein Döschen mit glitzerndem Dip Powder (z. B. Silber). »Staube« deine Hände danach ab – wenn nötig mit einem Pinsel –, sodass der Glitzer nur auf der oberen Nagelhälfte haften bleibt. Du kannst auch nur wenig Glitzer mit einem Pinsel auftragen.

Lieblings-Sommermoment
EINFACH FESTHALTEN!

Im Sommer machst du sicher auch so gerne Ausflüge an den See wie ich (oder auch an einen Fluss oder einfach ins Grüne). Da kann man nun mal am besten dem normalen Alltag entfliehen und mit Familie oder Freund:innen schöne Stunden verbringen, vielleicht baden, in der Sonne liegen, Frisbee spielen oder ein paar cute Blumen pflücken ... Und diesen Moment kannst du ganz einfach festhalten!

WAS DU DAFÜR BRAUCHST:

- Blumen, Blüten oder Gräser von einem schönen Ausflug (am besten ein paar Tage zum Trocknen zwischen Zeitungspapier legen und mit Büchern beschweren)
- Kleiner Deko-Glasrahmen zum Aufstellen oder Aufhängen
- Pinzette

Die getrockneten Blumen ganz vorsichtig mit der Pinzette in den Rahmen legen, damit sie nicht zerbrechen. Den Rahmen danach einfach schließen – und schon hast du die Erinnerung festgehalten!

KREATIVE Geschenkideen IN DER BOX

Geburtstage kommen immer so plötzlich, oder? 😃 Ganz ehrlich, ich bewundere Leute, die das mit den Geburtstagen so gut im Kopf haben, dass sie auch rechtzeitig daran denken, sich um ein Geschenk zu kümmern. Aber keine Panik! Oft reicht es, wenn dir eine einzige Sache einfällt, die das Geburtstagskind mag, und schon kannst du ein richtig cooles Geschenk daraus zaubern.

Die wichtigste Frage ist also: Was mag die andere Person? Geht sie gerne ins Kino, hat sie einen Hund oder isst total gerne riesige Eisbecher? Jetzt geht es darum, dass du eine schöne Box oder einen Korb mit passenden Dingen füllst. Ich gebe dir zu drei Beispielen ein paar Tipps, was du zusammen in eine Box tun könntest:

KINO-PACKAGE

- Kleine Tüten mit Popcorn aus dem Supermarkt
- Erdnüsse oder Schokoriegel, was man eben im Kino gerne isst
- Selbst gemachte Postkarte im Stil eines alten Kinotickets (und/oder Gutschein für ein Kinoticket)

HAUSTIER-PACKAGE

- Eine stylische, selbst gemachte Hundeleine (wie auf Seite 80)
- Kekse für den Hund
- Kekse für den/die Besitzer:in 😉
- Gutschein für 1 x Gassigehen

EISBECHER-PACKAGE

- Eislöffel mit schön gemustertem Stiel
- Mehrere Eisbecher aus Pappe
- Kleine Schokolinsen oder Streusel als Deko
- Miniflasche mit Karamellsirup
- Gutschein für eine große Packung Lieblingseis

DEIN SOMMER-Moodboard:

WAS MACHT DICH HAPPY?

Sommer, Sonne, Sonnenschein! Und was noch?
Auf dieser Seite kannst du aufschreiben, aufmalen oder aufkleben, was dich glücklich macht. Ein gepresstes Kleeblatt aus dem Garten oder ein kleiner Zettel von einer Freundin: Erstelle auf dieser Doppelseite dein persönliches Moodboard für den Sommer.

Make
TODAY A
brilliant
DAY!

Live life colorfully!

FINDE DEINE FARBEN

In der Zwischenzeit hast du sicher schon ganz schön viele Sachen ausprobiert, um deinen eigenen Stil zu finden und dich auszuprobieren. Zeit, deinen persönlichen Farbfächer zu erstellen! Das macht sooo Spaß! 😌

Als Erstes überlegst du dir, was deine zwei bis drei Basicfarben sind - bei Outfits, Room Decors, Make-up, Nagellack … Das sind meistens neutralere Farben, die sich bei vielen deiner Outfits wiederfinden und die auch in deinem Zimmer vorkommen, z. B. als Hauptmöbelfarbe oder bei Teppichen oder Bettwäsche: Schwarz, Weiß, Grau, Beige, Blau … Und als Nächstes brauchst du deine Highlightfarben: Was sticht bei deinem Style heraus? Mintgrün, Silber, Flieder? Diese Farben findest du oft bei Accessoires, Statement-Shirts, besonderen Lampen oder Postern an der Wand wieder. Drucke dir die Farben aus dem Internet aus und klebe sie auf eine Karte oder in dein Journal. So kannst du immer wieder nachschauen, was DEINE Farben sind, und vermeidest Fehlkäufe.

ROOM-DECOR-IDEE:

Stylische WIMPELKETTE

Wenn du deinen individuellen Farbfächer erstellt hast, kannst du dir mit diesen Farben eine einfache Wimpelkette als Room Decor für dein Zimmer basteln.

WAS DU DAFÜR BRAUCHST:

- Stabiles Papier in deinen Farben (aus dem Bastelgeschäft oder einfach ausgedruckt aus dem Internet)
- Schwarzen Filzstift für Verzierungen (nach Belieben)
- Bastelschnur
- Zum Aufhängen Nägel oder Reißzwecken

Erstelle auf einem weißen Papier eine Schablone mit dieser Vorlage (überlege dir vorher, wie groß deine Wimpel sein sollen):

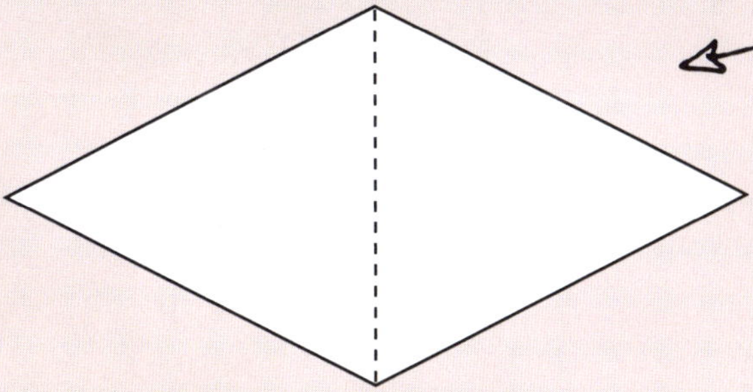

Zeichne so viele Wimpel, wie du möchtest, auf dein farbiges Papier und schneide sie aus. Falte sie in der Mitte, sodass Dreiecke entstehen, verziere sie mit Punkten, Streifen oder kleinen Zeichnungen und hänge die Wimpel nebeneinander auf die Schnur. Fixiere die beiden Hälften mit Klebeband oder Washi Tape aneinander.

Coole TÜCHER FÜR HEISSE Tage

Bestimmt hast du auch irgendein Tuch oder Band zu Hause: ein Haarband, ein Bandana, ein dünnes Halstuch, einen Haarreif mit Schleife, der aussieht wie ein Band ... 😉 Es gibt richtig viele verschiedene Arten, so ein Tuch zu tragen und in die Sommerfrisur zu integrieren! Das ist superpraktisch, weil deine Haare dann gebändigt werden und nicht so herumfliegen oder im Sommer im Gesicht kleben. 😉

Auf der rechten Seite kommen ein paar Ideen, wie du dein Tuch im Sommer tragen kannst. Schau dich auch einfach im Internet nach schönen Ideen um und versuche sie nachzumachen. So fängt übrigens jeder Trend an! 😌

MAKE-UP-TUTORIAL #1:

WENIGER ist MEHR!

Manchmal braucht es nicht viel, um deine Einzigartigkeit zu betonen. ♥ Um dein natürliches Strahlen wieder aufzuwecken, empfehle ich dir erst einmal, eine gute Feuchtigkeitscreme zu verwenden, damit deine Haut gepflegt wird. Ein Concealer deckt Augenringe, Pickel und Hautrötungen ab - einfach mit einem Make-up-Schwämmchen verblenden. Puder hilft gegen glänzende Haut, und mein persönlicher Favorit ist und bleibt Mascara! 😌 Mit Wimpernbürstchen kannst du verklumpte Stellen ein bisschen ausbürsten, damit dein Look natürlicher wird.

MAKE-UP-TUTORIAL #2:

LET'S glow UP!

Die Grundlage ist das Tutorial #1, aber wir gehen noch ein Stückchen weiter, weil wir dir ja eine besondere Ausstrahlung für besondere Tage zaubern wollen. Gönne dir vor dem Schminken eine Gesichtsmaske – z. B. eine dieser praktischen Tuchmasken. Danach strahlt deine Haut schon ganz von selbst! Neben Concealer kannst du dann Foundation verwenden, um deinem Gesicht die perfekte Make-up-Basis zu geben. Bevor du Mascara verwendest, gib deinen Wimpern mit einer Wimpernzange neuen Schwung und neues Volumen. Mit einem Kajal kannst du dir einen schönen Lidstrich zaubern, deine Augenbrauen mit einem Augenbrauenstift betonen und deinen Lippen mit einem leicht farbigen Lippenpflegestift neue Farbe verleihen. Et voilà!

DIY-Design-TAFEL

Diese Tafel ist nicht nur super, wenn du dein Zimmer neu dekorieren möchtest, sondern auch für dich und deine Freund:innen zum Kreativwerden! Wenn du Besuch bekommst, könnt ihr euch alle auf der Tafel verewigen, herumkritzeln oder schöne Sprüche draufschreiben. Und wenn gerade kein Besuch da ist, ist auf der Tafel genug Platz für deine Ideen und To-do-Listen. Ich hatte so eine Tafel auch schon mal und sie kam total gut an!

WAS DU DAFÜR BRAUCHST:

- Große Holzplatte
- Selbstklebende Tafelfolie in der Größe der Holzplatte
- Kreidestifte in Weiß und verschiedenen Farben

Schneide die Tafelfolie zu und klebe sie sorgfältig auf die Holzplatte. Fertig ist die Tafel! Superschnell, oder? Am besten stellst du die Tafel irgendwo hin, wo du sie immer gut sehen kannst. Probier doch gleich mal ein paar Designelemente oder Schriften aus und lass dich von den Beispielen auf der rechten Seite inspirieren!

BREAKFAST
FRUITY
CUTE
STUFF
MAGICAL
SLEEPY
STARS

Alles
BEGINNT
MIT
einem
Traum!

GO GREEN: BLUMENTÖPFE AUFHÜBSCHEN

Wie grün ist dein Zimmer? ♥ Auch wenn du vielleicht nicht unendlich viel Platz zur Verfügung hast, kannst du dir die Natur in Form von kleinen Topfpflanzen, Kakteen und Sukkulenten total leicht zu dir ins Zimmer holen. Und wenn du mit diesem DIY auch noch die kleinen Töpfe oder Übertöpfe anmalst, kannst du gleich wieder deinen eigenen Style reinbringen.

WAS DU DAFÜR BRAUCHST:

- Blumentöpfe oder Übertöpfe (am besten vorher von Schmutzresten befreien)
- Acrylfarben
- Kreppband zum Abkleben
- Zeitungspapier als Unterlage
- Evtl. Vorlagen für Muster

Jetzt kannst du dich austoben – als kleine Hilfestellung kannst du eine dieser drei Varianten wählen, die du auch links auf den Fotos siehst.

1 Klebe für ein Colorblocking-Motiv die obere Hälfte eines Topfes mit Kreppband ab und bemale nur die untere.

2 Male einzelne Töpfe in einer Farbe an (z. B. in Schwarz oder Weiß) und male nach dem Trocknen in einer Kontrastfarbe kleine Muster (Pünktchen, Dreiecke, Herzen …) darauf.

3 Male in verschiedenen Farben verschiedene Wellenmuster auf, sodass es richtig lebendig aussieht.

Lass die Töpfe danach gut trocknen, bevor du die Pflänzchen wieder hineinsetzt.

Summer for future!
MEINE TIPPS FÜR MEHR NACHHALTIGKEIT

Das Thema Nachhaltigkeit und Liebe zur Umwelt wird immer wichtiger, das ist dir sicher auch schon aufgefallen. Mit kleinen Veränderungen kann jede:r von uns einen Teil dazu beitragen, dass unsere Erde wieder mit mehr Liebe behandelt wird. ♥

BENUTZE WIEDERBEFÜLLBARE TRINKFLASCHEN

Das fällt mir z. B. sehr leicht, weil ich sowieso tagsüber darauf achte, viel Wasser zu trinken, und es noch dazu sehr schöne Trinkflaschen gibt - aus Glas (da muss man aber in der Schultasche ganz schön aufpassen 😉), aus Edelstahl, Aluminium, Kupfer, aus BPA*-freiem Kunststoff ...

PACK DEIN PAUSENBROT IN BROTDOSEN

Auch das ist supereasy und superumweltfreundlich. Außerdem passt da sooo viel rein: geschnittene Äpfel, belegte Toasts, selbst gemachte Energy Balls (wie die auf Seite 125), ein Stückchen Schokolade für nach dem Essen ...

LEG SHOPPINGFREIE ZEITEN EIN

Seien wir mal ehrlich: Wir alle haben doch eigentlich genug von allem zu Hause. Leg immer mal wieder eine No-shopping-Phase ein, in der du dir nichts Neues kaufst. So lernst du die Dinge wieder wertzuschätzen, die du in deinem Schrank hast. ♥

MISTE KLAMOTTEN AUS UND SPENDE ODER VERKAUFE SIE

Wenn dir Kleidungsstücke zu klein geworden sind oder du sie nicht mehr trägst, wirf sie nicht einfach weg. Bring sie lieber zur Altkleidersammlung oder verkaufe sie auf Second-Hand-Plattformen, so werden sie wieder Teil des Kreislaufs und werden weiterhin getragen.

BRING YOUR OWN BAG

Pack dir eine faltbare oder eine Baumwolltasche in deine Schul- oder Handtasche - so bist du immer vorbereitet, wenn du doch mal etwas einkaufst, und kannst dann auf Tüten aus den Geschäften verzichten.

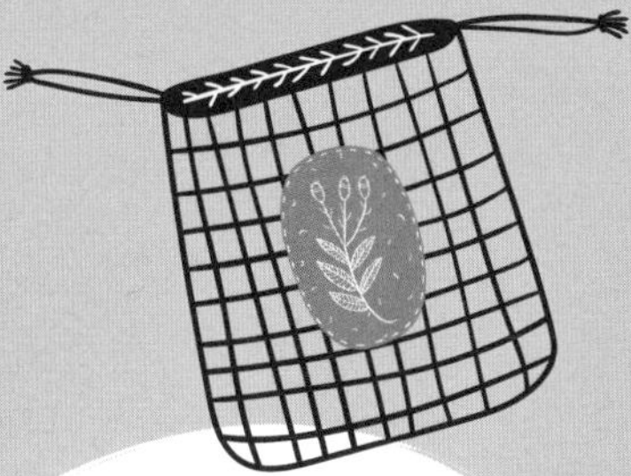

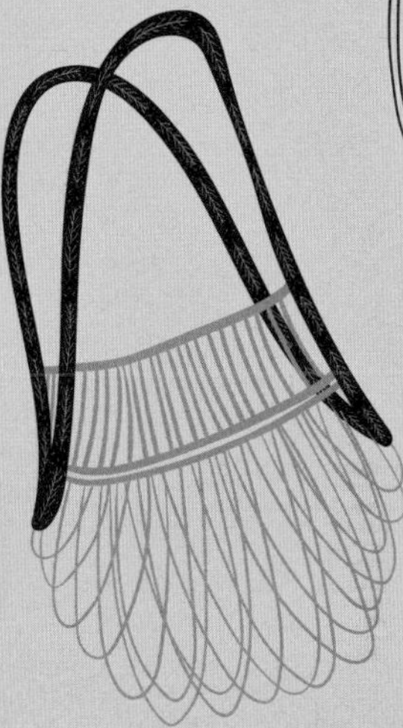

*BPA ist eine Chemikalie, die oft in Lebensmittelverpackungen enthalten ist, die aber gesundheitsschädlich wirken kann. ☹

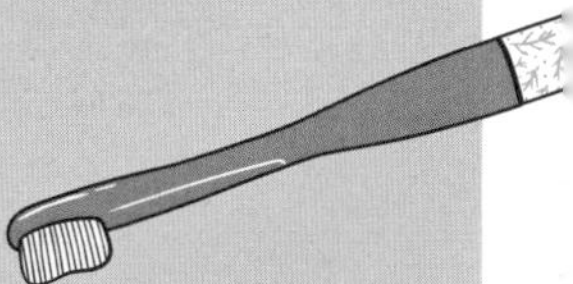

BRING *your* OWN BAG

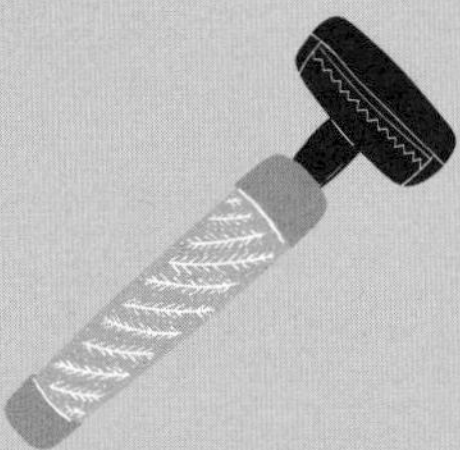

Tadaaa!

ZWEI SPECIAL-SOMMERREZEPTE FÜR DICH

Diese beiden Sommerrezepte gelingen garantiert! Sie sind aus meiner Erfahrung die perfekte Abkühlung an Hochsommertagen, wenn man nur im Schatten bleiben will. Oder wenn man sowieso schon im Pool sitzt. 😉 Lass es dir schmecken, yay!

WASSERMELONEN-ERDBEER-SLUSH

- 500 g Wassermelone und 150 g Erdbeeren (beides klein geschnitten ca. 2 Stunden ins Gefrierfach geben)
- 300 ml Wasser
- Nach Belieben etwas Agavendicksaft oder Ahornsirup zum Süßen

Alles zusammen in einen Standmixer geben und einmal durchmixen, bis es eine richtig schöne Slush-Masse gibt! So gut! 😌 Nach dem Mixen einfach auf Gläser verteilen und weiterhin kühlstellen.

BEEREN-EISWÜRFEL

- Eiswürfelform
- Himbeeren und/oder Heidelbeeren

Fülle die Eiswürfelform mit Wasser, gib pro Förmchen außerdem eine bis zwei Beere/n hinein – und ab damit ins Gefrierfach. Nach ein paar Stunden kannst du die fertigen Eiswürfel zum Verschönern von einfachen Gläsern Wasser verwenden. Sieht schick aus und am Ende wartet immer eine süße Überraschung auf dich! Yummie!

Hey FALL!

Auch wenn es jedes Jahr wieder aufs Neue schade ist, wenn die Abende wieder kühler werden und die Blätter sich langsam bunt verfärben, hat der Herbst doch auch sooo schöne Seiten! Man muss einfach versuchen, die positiven Dinge dieser Jahreszeit zu sehen und das Zuhause gemütlich herzurichten, dann kann man den Herbst richtig genießen. Schlechtes Wetter? Gibt es nicht! Nur unpassende Kleidung. 😉 Wenn du rausgehst, pack dich einfach warm ein und zeig dem Herbstwind, dass er keine Chance gegen dich hat! Auf den nächsten Seiten kommen meine DIYs und Ideen für einen kreativen, entspannten, bunten und manchmal gruseligen (😉) Herbst. Let's go!

10 DINGE, OHNE DIE ICH IM HERBST NICHT LEBEN KANN ...

Heiße Schokolade

Pumpkin Spice – einfach das leckerste Gewürz ever!

Gruselige Halloweendeko

Ausschlafen!

Natürliche Farben

Viele schöne Stifte für mein Journal

Meine Lieblingsbücher

Gemütliche Hoodies

Movie Nights mit meinen Freundinnen

Puzzles mit coolen Motiven

Easy Basics: HÄKELN

Häkeln ist eigentlich supereinfach. Du brauchst nur Wolle und eine passende Häkelnadel - bei der Wolle steht sogar immer dabei, welche Größe deine Häkelnadel haben sollte. Als Allererstes lernst du dann am besten sogenannte Luftmaschen - im Internet gibt es natürlich total viele gute Videos, bei denen du es ganz schnell lernen kannst, aber hier kommen schon mal ein paar Tipps von mir zum Starten:

Mach erst einmal eine Schlinge ans Ende des Wollfadens und befestigte ihn so an der Nadel. Halte die Häkelnadel in der rechten Hand* wie ein Messer beim Essen. Leg den Faden über den kleinen Finger der linken Hand, ziehe ihn hinten über Ring-, Mittel- und Zeigefinger und wickle ihn nochmal um den Zeigefinger herum. Halte jetzt den Arbeitsfaden mit Daumen und Mittelfinger fest, greife mit der Nadel unter den Arbeitsfaden und ziehe ihn durch die Anfangsschlaufe durch. Schon hast du die erste Luftmasche! Wiederhole diesen Schritt sooft du möchtest, so übt man Häkeln am besten! 😌

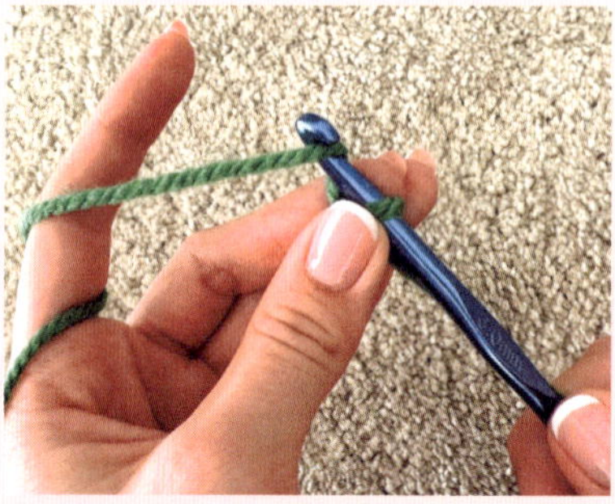

*Linkshänder:innen schauen am besten mal ein Video zur Handhaltung an, das ist sonst erst mal ziemlich verwirrend, wenn man es einfach spiegelverkehrt ausprobieren will ...

WUNDERSCHÖNE HÄKEL-DIYS
FÜR LANGE HERBSTABENDE

Wenn du irgendwann keine Lust mehr auf Luftmaschen hast, kannst du dich an andere, schwierigere Häkel-DIYs wagen. Die einzelnen Maschentypen zu erklären, würde ein weiteres Buch füllen 😉, deswegen will ich dir hier nur ein paar Sachen zeigen, für die es sich lohnt, richtig häkeln zu lernen. Und auf Seite 122 kommt dann sowieso mein favorite Häkel-DIY ... ♥

Kleine Regenbögen
als Geschenkidee

Schöne Selfmade-Mützen
in Lieblingsfarben

Praktische Häkelkörbchen
für Krimskrams

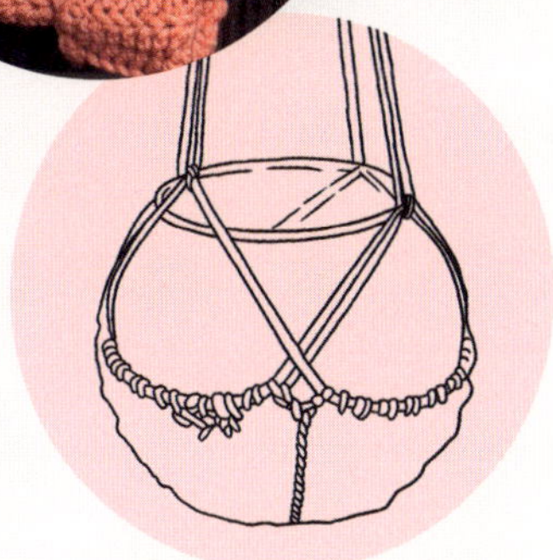

Häkel-Blumenampel für
deine Zimmerpflanzen

Meine JOURNALING-Ideen

Schreibst du eigentlich Tagebuch? Manchmal kann es richtig guttun, sich Sorgen oder Ängste von der Seele zu schreiben. Und es gibt doch soo schöne Journals oder Notizbücher – da wäre es ja fast zu schade, nichts hineinzuschreiben. 😉 Es reicht oft ein Satz: Ich notiere mir z. B., was an einem Tag gut gelaufen ist, was mein Ziel für den nächsten Tag ist, worauf ich stolz bin …

Wenn es dir auch nicht so leichtfällt, einfach so mit Schreiben anzufangen, können Journaling-Fragen dir weiterhelfen. Lies dir doch mal die folgenden Fragen durch und fang auf der rechten Seite gleich an zu schreiben. Merkst du, wie du nicht nur die Frage beantwortest, sondern wie sich ganz wie von selbst noch weitere Themen ergeben? Lass alles raus! 😉

Welcher Moment hat dich diese Woche besonders glücklich gemacht?

Was macht dir gerade Sorgen?

Was war der schönste Ort, an dem du jemals warst, und warum?

Was ist dein größter Traum?

Was machst du am liebsten in den Ferien und wieso genau das?

Mit wem hast du immer und überall eine gute Zeit? 😉

Wenn du wählen könntest: Wo würdest du gerne leben und warum?

Was machst du am liebsten direkt nach der Schule?

No rain, NO FLOWERS!

Today's mood: TOTAL ENTSPANNT ...

Entspannen und Runterkommen ist superwichtig, denn Schultage können echt lang und anstrengend sein. Danach noch Hausaufgaben, Lernen, Aufräumen - und schon ist wieder Schlafenszeit! Wenn du davor schon etwas herunterfährst, kannst du auch viel, viel besser schlafen. Was total hilft, ist, wenn du dir in deinem Zimmer eine Relax-Ecke einrichtest. In die kannst du dich dann immer zurückziehen, um dir ein bisschen Me-Time zu gönnen. ❤

- Leg ein paar große, dicke Kissen und Kuscheldecken in diese Ecke.
- Häng (mindestens 😉) eine Lichterkette auf oder stell eine Kerze auf - wenn du das von deinen Eltern aus darfst.
- Drucke ein paar Chill-Mood-Motive aus und häng sie als Collage an die Wand.
- Leg ein paar Bücher, dein Journal und einen Stift bereit. Und hol dir ein heißes Getränk! Blueberry-Tee, heiße Schokolade ...
- Lass auf jeden Fall chillige Musik laufen, wenn du in deiner Relax-Ecke rumhängst ... 😌 Vielleicht kannst du dir sogar eine eigene Chill-Playlist erstellen.

You're cool!
OK
Thanks!
HELLO
FRIDAY
feel good

DIY: TRENDIGE HUNDELEINE FLECHTEN

Haustiere machen das Leben einfach schöner, oder? Ich liebe es, mit meiner Katze Linda zu kuscheln und sie zu verwöhnen, wie du auf dem Foto sehen kannst! 😃 Dieses DIY ist supergeeignet für alle Hundefans – denn es wird Zeit für eine neue Hundeleine! Und zwar eine richtig besondere, die außer deinem Hund kein anderer hat. ❤ Am besten machst du dieses DIY mit einer erwachsenen Person zusammen, damit ihr sicher sein könnt, dass die Materialien die Kraft eures Hundes auch aushalten!

WAS DU DAFÜR BRAUCHST:

- Alte T-Shirts (am besten in verschiedenen Farben, damit die Hundeleine schön bunt wird)
- Schere
- Karabinerhaken mit Drehgelenk (damit du die Leine am Halsband deines Hundes befestigen kannst)
- Heißklebepistole

Schneide deine T-Shirts in lange Streifen. Leg den Karabinerhaken bereit, fädle drei Stoffstreifen durch und befestige sie mit festen Knoten. Mach den Karabiner zum Flechten am besten irgendwo fest, z. B. an einem Stuhl oder einer Tür. Nimm die drei Stränge in die Hand und flechte sie zu einem festen, engen Zopf zusammen. Wenn du ans Ende der Stoffstreifen gelangst, knote einfach weitere Stoffstücke in der gleichen Farbe an die Enden und flechte weiter, bis die Leine die gewünschte Länge erreicht hat. Mach am Ende eine Schlaufe und knote die offenen Enden an der Leine fest, sodass du die Leine bequem halten kannst. Fixiere Knoten und Enden zusätzlich mit Heißkleber und lass ihn trocknen, bevor du ausprobierst, wie eurem Vierbeiner das neue Accessoire gefällt! 😌

NICHT ALLE ENGEL
HABEN FLÜGEL.
MANCHE HABEN
SCHNURRHAARE!

GOOD things take TiME!

DIY: PRINT-KISSENBEZÜGE

Hast du ein Lieblingsmuster oder -motiv? Federn, Wolken, Herzen oder irgendeine Frucht? 😌 Hol dir genau diese auf ein oder mehrere Kissen, indem du Kissenbezüge einfach selbst bedruckst. Dann hast du auf deinem Bett, Sofa oder in deiner Chill-Ecke superindividuelle Kissenbezüge, immer passend zur Jahreszeit und zu deinem Geschmack. Diese einfache Anleitung kannst du übrigens genauso verwenden, wenn du statt einem Kissenbezug lieber einen Baumwollbeutel bedrucken möchtest.

WAS DU DAFÜR BRAUCHST:

- Kissenbezug/-bezüge aus Baumwolle (am einfachsten ist es, wenn der Bezug weiß ist, es geht aber auch mit anderen Farben)
- Textilfarbe (z. B. in Schwarz oder einer anderen schönen Farbe, die in dein Zimmer passt)
- Große Stempel mit Lieblingsmotiv oder -spruch
- Etwas Pappe zum Unterlegen
- Kleine Farbrolle
- Flaches, sauberes Gefäß für die Farbe (z. B. einen großen Joghurtdeckel)
- Dünnes Tuch
- Bügeleisen

Schieb die Pappe in den Kissenbezug, damit immer da, wo du stempelst, Pappe darunterliegt. Ansonsten kann die Farbe auf die Rückseite abfärben. Gib ein bisschen Farbe in das Gefäß und nimm mit der Rolle etwas Farbe auf. Versuche, die Farbe gleichmäßig auf den Stempel aufzutragen, ohne dass es zu viel wird. Mach am besten erst einmal ein paar Versuche auf Papier! 😌 Danach kannst du nach Herzenslust deinen Kissenbezug bestempeln – nach zwei- oder dreimal Stempeln einfach wieder neu Farbe auf den Stempel auftragen. Du kannst dabei völlig frei entscheiden, wie viele Motive du stempeln möchtest, ob es ein flächiges Muster werden soll oder nur ein einzelner Stempel. Lass den Bezug am besten über Nacht trocknen – danach kannst du entscheiden, ob du auch die Rückseite noch gestaltest oder leer lässt.

Leg zum Fixieren des Prints ein dünnes Tuch über das Gestempelte und bügle den Bezug ein paar Minuten. Wiederhole das Ganze auf der Rückseite des Kissens, wenn du diese auch designt hast.

UND JETZT: Kissenfüllung in den Bezug und ab aufs Sofa damit! ♥

DEIN HERBST-Moodboard:

WAS ENTSPANNT DICH?

Es gibt sicher bestimmte Farben, Motive, Gerüche, Sprüche oder Fotos, die dich so richtig zur Ruhe bringen. Hast du Lust, dir darüber Gedanken zu machen? Sammle Bilder aus dem Internet, Postkarten, Sticker, Washi Tape oder male mit Farbstiften oder Nagellack auf diese Doppelseite. Kannst du die Entspannung schon spüren? 😌

SCHMUCKHALTERUNG einfach selber MACHEN

Ketten, Armbänder, Scrunchies, Haarbänder … Und was fliegt in deinem Zimmer so alles rum? 😆 Zeit zum Aufräumen! Mit dieser Schmuckhalterung hast du ab sofort immer alles da, wo du es wiederfindest.

WAS DU DAFÜR BRAUCHST:

- Pinnwand aus Kork
- Große, schöne Reißzwecken oder längere, dünne Stecknadeln (zum Aufhängen der Accessoires)
- Nägel (zum Aufhängen der Pinnwand)

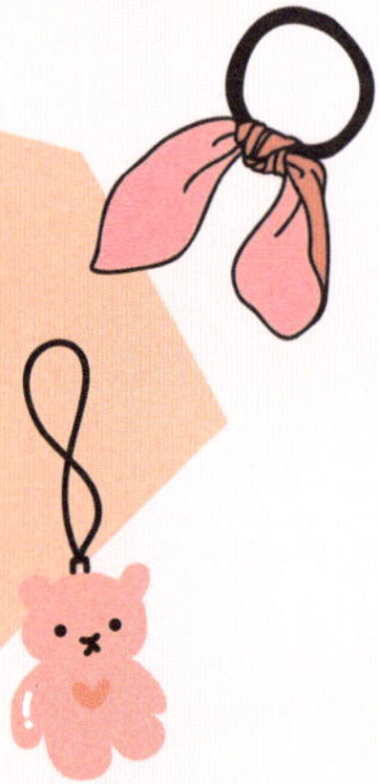

Hänge mit den Nägeln die Pinnwand an der Wand auf und ordne die Reißzwecken oder Nadeln sinnvoll auf der Pinnwand an, sodass dazwischen auch genügend Platz bleibt, wenn du später die Accessoires dranhängst.

TASSEN VERSCHÖNERN MIT DER
Acrylic-Pouring-Technik

Sieht aus wie Marmor, oder? Mit dieser Acrylfließtechnik kannst du ganz einfache, weiße Tassen zu einem richtigen Designerobjekt machen. Probier's aus!

WAS DU DAFÜR BRAUCHST:

- Pouring-Farben
- Pouring-Medium
- Mehrere Plastikbecher – z. B. ausgewaschene Joghurtbecher
- Mehrere Holzstäbchen
- Alten Lappen
- Großes, flaches Gefäß (hier kommt später Farbe rein, es sollte also am besten ein altes Gefäß sein: eine alte Schüssel, ein tiefer Teller oder etwas Improvisiertes)
- Weiße Tassen

Verdünne in den Bechern jeweils eine Farbe mit dem Pouring Medium – es steht immer eine Mengenangabe auf der Packung. Nimm zum Verrühren je ein Holzstäbchen. Die Farbe ist ready, wenn sie wie Honig von dem Stäbchen runterfließt.

Für die beliebte Flip-Cup-Technik nimmst du einen weiteren Becher zur Hand und schichtest die Farben darin aufeinander, OHNE sie zu verrühren. Lass die Farben dabei nacheinander langsam vom oberen Rand in den Becher laufen, damit sie sich nicht vermischen. Wenn du alle Farben, die du haben möchtest, eingefüllt hast, kannst du den Becher noch ein paar Minuten stehen lassen. Nimm dann den Becher in die eine Hand, das flache Gefäß kommt verkehrt herum auf den Becher und dann – gut festhalten und das Ganze umdrehen, ohne dass der Becher angehoben wird.

Lass den Becher ein paar Sekunden auf dem Kopf stehen, schiebe ihn dann etwas Richtung Rand und nimm ihn zügig hoch – so entsteht schon ein cooles Muster. Jetzt kannst du die Tassen ganz einfach vorsichtig in die Farbmasse tunken, es muss nicht perfekt sein! Genau das Muster, das zufällig entsteht, ist nämlich das schönste. Lass die Tassen danach einige Stunden auf Zeitungspapier stehend trocknen.

Das Leben ist so BUNT, WIE DU dich traust, es AUSZUMALEN!

BE KIND,
be cute,
BE HAPPY!

LET'S GET ~~SCARED~~ SCARY!

Ich liebe Halloween! Und zwar so richtig. Ich meine: gruselige Kostüme, schauriges Make-up, scary Filmnächte … Und Deko und Snacks kann man auch noch daran anpassen. Wie kann man das nicht mögen? 😃

Hoffentlich inspirieren dich meine Halloweenfotos zu deinem diesjährigen Halloween-Make-up! Gruseliges Make-up ist auch gar nicht so aufwendig. Dunkler Lidschatten und Eyeliner, ein paar Highlights aus Kunstblut … Perfekt für Fotos und kurze Videos. Auch richtig cool sind Perücken oder Nagelsticker mit kleinen, hexenhaften Icons.

SPOOKY HALLOWEEN-GRUSELGLÄSER

Hast du dein Zimmer schon halloweentauglich dekoriert? Wenn nicht, wird es aber höchste Zeit! Für dieses DIY und den spooky Effekt benötigst du auch gar nicht viel Material.

WAS DU DAFÜR BRAUCHST:

- Gläser bzw. Gefäße in verschiedenen Größen und Formen
- Plastikspinnen, -käfer oder andere eklige Dinge, vor denen sich jemand gruseln könnte 😉, am besten in der gleichen Anzahl, wie du Gefäße zur Verfügung hast.
- Watte
- LED-Lichterketten oder -Glühbirnen (batteriebetrieben)

Fülle die Watte in die Gläser, schiebe die Spinnen seitlich so zwischen Außenwand und Watte, dass man sie von außen gut sehen kann, und gib die Lichterkette oder Glühbirne in das Gefäß. Wenn du alle Lichter in deinem Zimmer ausschaltest und nur die Gläser zum Leuchten bringst, kann Halloween beginnen! Hörst du schon die Werwölfe heulen? 😱

TRENDIGES HERBSTREZEPT:

Cheese Danish

WAS DU DAFÜR BRAUCHST:

- 1 Dose fertigen Teig für Aufbackhörnchen (die, die so ploppt, wenn man sie aufmacht 😆)
- 1 Packung Doppelrahmfrischkäse
- 120 g Zucker
- 1/2 TL Vanilleextrakt
- 1 kleines verquirltes Ei
- Zum Bestreichen: 1 verquirltes Ei, 1 EL Wasser oder (Pflanzen-)Milch, miteinander verrührt

Heize den Ofen auf 180 °C (Ober-/Unterhitze) auf. Verrühre Frischkäse und Zucker zu einer cremigen Masse und gib danach den Vanilleextrakt und das verquirlte Ei dazu. Öffne die Dose mit dem Hörnchenteig (»Plopp!« ✨) und roll den Teig auseinander. Leg immer zwei Dreiecke zu einem Quadrat zusammen und drück sie an den Rändern zusammen. Verteile mit einem Löffel die Frischkäse-Zucker-Masse jeweils auf die Mitte der Quadrate – aber Achtung, wenn du zu viel draufgibst, wird die Masse beim Backen über den Rand hinauslaufen!

Bestreiche die Ränder jedes Teigquadrats mit der in der Zutatenliste beschriebenen Mischung aus Ei und Wasser oder Milch und schlag zwei Ecken so ein, dass sie sich überlappen (siehe Foto). Gib die einzelnen Päckchen vorsichtig mithilfe eines Pfannenwenders auf ein mit Backpapier belegtes Blech. Jetzt das Ganze 15–18 Minuten backen, auskühlen lassen und genießen!

Du wirst dieses Rezept lieben!

Hello WINTER!

Glitzernde Schneelandschaften, weihnachtliche Lichter überall, leckere warme Getränke zu Hause und ein supercozy Sofa mit Kuscheldecken und Kissen in warmen Farben ... Der Winter kann so toll sein! Gerade die Zeit bis Weihnachten steckt voller Magie: Du kannst deinen Room- und Outfit-Style jetzt an Weihnachten anpassen, Geschenkelisten vorbereiten und dir selbst auch die eine oder andere Sache wünschen. 😉

10 DINGE, OHNE DIE ICH IM WINTER NICHT LEBEN KANN …

Christmas-Pulli

Geschenkelisten (für andere, aber natürlich auch für mich selbst 😌)

Bananenbrot mit Zimt

Duftkerzen

Rentier-Haarreif

Weihnachtsfilme (»Schöne Bescherung« etc.)

Handcreme mit Weihnachtsduft

Kuschelsocken

Viiiiiele Lichterketten in meinem Zimmer

Gemütliche Hausschuhe

I'M dreaming OF A GREEN CHRISTMAS ...

Grüne Weihnachten?! Jaa, du hast richtig gelesen. Und damit meine ich nicht, dass ich mir keinen Schnee wünsche, ist ja klar. 😉 Ich möchte nur ein paar Ideen für mehr Nachhaltigkeit in der Weihnachtszeit mit dir teilen. Wenn du auch ein Herz für die Umwelt hast, werden sie dir sicher gefallen. ❤

Es gibt zwar so schönes Geschenkpapier, in den tollsten Mustern, Farben und aus den verschiedensten Materialien. Aber eigentlich wird doch das meiste Papier nach dem Auspacken eh wieder weggeworfen. Das ist so schade! Wenn du das nächste Mal (alleine oder mit deiner Family) Weihnachtsgeschenke einpackst, nimm dir doch meine Tipps zu Herzen:

- Verwende schöne Geschenktüten aus Naturpapier, die der oder die Beschenkte wiederverwenden kann.
- Wenn du gekauftes Geschenkpapier benutzt, versuche es nur mit Schnur, nicht mit Klebeband zu verpacken. So gibt es beim Auspacken keine Risse und man kann das Papier noch mal benutzen.
- Benutze umweltfreundliches Packpapier. Das besteht meist aus Recyclingmaterial, wird günstig in großen Rollen verkauft und sieht noch dazu trendig aus! Schlage die Geschenke in das Papier ein, binde eine Bastelschnur oder Kordel aus Naturfasern herum und stecke als schönes Detail einen kleinen Tannenzweig oder etwas anderes aus dem Winterwald dazu. Wenn du möchtest, kannst du auch vor dem Verpacken schöne Muster mit Wasserfarben auf das Papier malen.

CHRISTMAS-ROOM-DECOR: WEIHNACHTLICHE GIRLANDE

Diese Dekoidee ist super easy, kostet quasi nichts und sieht einfach sooo schön aus! Mach am besten mal wieder einen Waldspaziergang und schau dich in der Natur um.

WAS DU BRAUCHST:

- 8–10 Kiefernzapfen (oder Zapfen anderer Nadelbäume wie Fichten oder Lärchen) in verschiedenen Formen und Größen
- Ein paar Minizweige (von Nadelbäumen) oder getrocknete Blätter
- Nach Belieben Gold- oder Kupferspray
- Bastelschnur
- Kleine Holzklämmerchen
- Evtl. Draht in Gold oder Silber
- Nägel zum Aufhängen

Entferne als Erstes Reste von Erde oder Ähnlichem von den Zapfen, Zweigen oder Blättern, damit du am Ende nicht deine Zimmerwand verschmutzt. Wenn es zu deinem Style passt, sprühe einzelne Zapfen in Gold oder Kupfer an und lass sie auf Zeitungspapier liegend trocknen. Überleg dir, in welcher Reihenfolge die Zapfen und Zweige schön nebeneinander aussehen würden, und leg sie dir auf dem Tisch bereit. Schneide die Schnur in der Länge ab, wie du deine Girlande gerne hättest, und befestige mit den Klämmerchen die Zapfen und Zweige mit ca. 10 cm Abstand voneinander an der Schnur (wenn das nicht hält, einfach mit Draht fixieren). Zum Schluss musst du nur noch an den beiden Enden der Schnur mit einem Knoten eine kleine Schlaufe machen, damit du die Girlande mit den Nägeln an der Wand aufhängen kannst.

Merry

EVERYTHING

&

HAPPY

always!

Wann HAST DU ZUM LETZTEN MAL EINEN BRIEF GESCHRIEBEN?

Wie wäre es mit jetzt, zu Weihnachten? Zum Fest der Liebe freut sich doch jede:r über ein paar handgeschriebene Zeilen. Nimm ein schönes Blatt Papier und deinen Lieblingsstift zur Hand und schreib einfach los. Weihnachtswünsche, liebe Worte, Gedanken zum vergangenen Jahr oder Pläne für das neue Jahr – schreib einfach alles auf, was du der anderen Person gerade sagen und wünschen möchtest.

Ich schreibe auch total gerne mit Brieffreund:innen aus aller Welt – im Internet kann man sich bei bestimmten Portalen (z. B. International Pen Friends) ganz einfach anmelden und bekommt dann Kontakte in der ganzen Welt vermittelt! Wenn du gerne Fremdsprachen magst, ist das die perfekte Gelegenheit, um sie praktisch anzuwenden – nicht nur zu Weihnachten! 😉

IDEEN FÜR individuelle WEIHNACHTSKARTEN

Es gibt kein DIY, das einfacher ist als dieses! Nimm dir eine schöne Karte oder Klappkarte aus Naturpapier (also etwas dunkleres Recyclingpapier) zur Hand, ein paar süße kleine Sticker (z. B. Sternchen oder Herzen), Washi Tape und einen Labelmaker.
Mit dem Labelmaker kannst du nun zum Beispiel folgende Wörter drucken und auf der Karte wie in den Beispielen anordnen und festkleben:

Dann fehlen nur noch deine persönlichen Worte und Grüße auf der Karte und schon kannst du sie lieben Menschen schicken oder schenken. Denk dran, dass die Post gerade zu Weihnachten superviel zu tun hat, deswegen ist es besser, wenn du die Karten früh genug losschickst! So kommen sie auf jeden Fall rechtzeitig an!

MEINE TIPPS: DIE BESTEN WEIHNACHTSOUTFITS

Was darf an einem besonderen Anlass wie Weihnachten nicht fehlen? Ist doch klar: ein besonderes Outfit! Okay, wenn ein großes Weihnachtsmenü geplant ist, muss man sich nicht gerade in die engsten Jeans quetschen, aber das musst du auch gar nicht. Mit meinen Outfit-Tipps findest du bestimmt die richtige Kombi für den besonderen Abend.

- Wähle ein Highlight-Teil, das entweder eine schön weihnachtliche Farbe (Rot, Grün, Weiß), ein schönes weihnachtliches Muster oder etwas anderes Auffälliges an sich hat (Metallic-Glitzerfäden, Strickmuster, ein witziges Detail wie ein kleines Glöckchen).
- Wenn das ausgewählte Highlight ein Pulli, Top oder anderes Oberteil ist, kombiniere es mit einer neutralen Hose, Rock und/oder Strumpfhose.
- Deine Accessoires sollten wieder deinem Stil entsprechen: Minimalistisch und unauffällig wie kleine Ohrstecker? Oder witzig und special wie eine große dunkelrote Schleife im Haar oder ein breiter Gürtel? It's your choice.
- Das Allerwichtigste: Sei du selbst und wähle ein OOTD, in dem du dich sehr wohl fühlst.

ENJOY CHRISTMAS!

HEIZUNG, KÄLTE & CO.:
BEAUTY-TIPPS FÜR DEN WINTER

Hast du im Winter auch manchmal so trockene und gereizte Haut oder spröde Lippen? Das kann durch die kalte Luft draußen und die trockene und warme Heizungsluft in der Wohnung kommen und ist ganz normal. Aber nerven tut es natürlich trotzdem. Deswegen hab ich hier ein paar Tipps für dich! ❤

- Man sollte nicht zu heiß duschen, denn das trocknet die Haut leider zusätzlich aus.
- Im Winter kann eine reichhaltige Gesichtscreme gegen trockene Haut helfen. Wenn du zusätzlich Feuchtigkeit haben möchtest, gib einfach ein bis zwei Tropfen natürliches Mandel- oder Jojobaöl zu deiner Creme, bevor du sie aufträgst.
- Dasselbe kannst du auch mit einer reichhaltigen Handcreme machen: Einfach ein bis zwei Tropfen Öl dazu und schon werden deine Hände wieder samtig weich. 😌
- Bei trockener Heizungsluft solltest du dein Zimmer öfters kurz durchlüften, eine kleine Schale mit Wasser auf die Heizung stellen oder einen Luftbefeuchter verwenden. Es gibt auch so tolle Diffuser für ätherische Öle, das riecht sooo gut! ✨
- Mit einer angefeuchteten weichen Zahnbürste kannst du abends sanft über rissige Lippen streichen und so abgestorbene Hautschüppchen entfernen. Danach kannst du ein kleines bisschen Honig, Olivenöl oder Mandelöl draufstreichen und über Nacht einwirken lassen. Beim Aufwachen hast du schon viel weichere Lippen! 😌
- Viel Wasser trinken nicht vergessen – das versorgt den Körper auch von innen mit genügend Feuchtigkeit und reduziert außerdem trockene Augen.

Make YOUR LIFE shine!

PERSÖNLICHEN FOTOKALENDER
FÜRS KOMMENDE JAHR BASTELN

Klar, per App einfach schnell Fotos hochladen und in kurzer Zeit schon einen fertigen Fotokalender in den Händen halten, das kann jede:r. Wie wäre es, wenn du einem besonders wichtigen Menschen in deinem Leben dieses Jahr einen Kalender selbst bastelst? Das macht sooo Spaß und ist echt was Besonderes, über das sich deine Eltern, Großeltern oder Freund:innen sicher freuen werden.

WAS DU DAFÜR BRAUCHST:

- Bastelkalender (den gibt's im Bastelgeschäft oder in manchen Drogeriemärkten)
- Bastelzubehör wie Schere, Kleber, verschiedene Stifte, Washi Tape ...
- Viiiiele tolle Fotos von dir und dem/der Beschenkten, am besten aus verschiedenen Jahreszeiten
- Andere Erinnerungen wie Kinotickets, Urlaubspostkarten, kleine Zettel oder Briefchen – bei deiner BFF kannst du auch witzige Screenshots von euren Chats oder Nachrichten machen und ausdrucken 😉

Ordne das Material zunächst nach Monaten und klebe dann alles Monat für Monat auf. Ordentlich nebeneinander, collagenartig-kreativ oder ganz wild und crazy – einfach ganz so, wie es dir und deinem Style entspricht!

Viel Spaß beim Verschenken! 😌

JANUARY
FEBRUARY
water colour

NICHT NUR FÜR DIE WINTERZEIT: Twisted candles!

Dieses DIY ist eines der allerschönsten, finde ich: Wir verbiegen ein paar Kerzen! Wenn das Ergebnis als Deko in deinem Zimmer steht, sorgt das bestimmt für einige überraschte Blicke, weil man sich im ersten Moment gar nicht vorstellen kann, wie das funktioniert! Aber es ist ganz einfach, sieh selbst ...

WAS DU DAFÜR BRAUCHST:

- 5 Stabkerzen in deinen Lieblingsfarben
- Brett
- Nudelholz
- 2 Töpfe oder größere Schüsseln
- Küchentuch

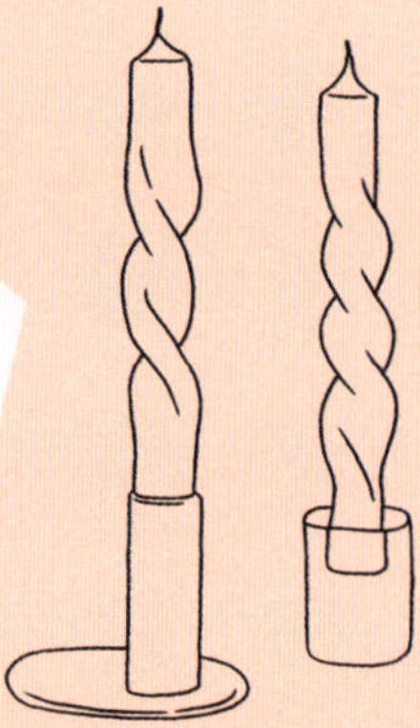

Gib heißes Leitungswasser in einen Topf oder eine Schüssel und leg die Kerzen ca. 10 Minuten ins Wasser. Nimm die Kerzen heraus, wenn sie weich und biegsam sind, und rolle sie auf dem Brett mit dem Nudelholz dort flach, wo du sie am Ende verdrehen möchtest (nicht ganz unten, damit du sie noch immer in einen Kerzenständer stellen kannst). Nimm die Kerze in beide Hände, halte sie oben und an der flachen Stelle gut fest und drehe sie vorsichtig, bis der gewünschte Effekt erreicht ist. Fülle das zweite Gefäß mit kaltem Wasser und lass die Kerzen darin ein paar Minuten erkalten. Trockne sie danach mit einem Küchentuch gut ab.

Psst: Diese Kerzen sind auch eine tolle Last-minute-Geschenkidee! Blättere doch mal ein paar Seiten weiter, dann kannst du dir gleich noch die passenden Kerzenständer selbst machen!

Duftende Zimtkerzen

Zimt ist für mich einfach einer der schönsten weihnachtlichen Gerüche! Statt einfach nur eine normale Zimt-Duftkerze zu kaufen, kannst du dieses Jahr zu Weihnachten einfach eigene Zimtkerzen kreieren und verschenken (oder natürlich selbst behalten 😉). Die riechen noch viiiel besser!

WAS DU DAFÜR BRAUCHST:

- »Langweilige« normale Kerzen (ohne Duft) – am schönsten sind die, die etwas dicker, aber dafür kleiner sind
- Ein paar Zimtstangen, je nachdem wie dick deine Kerze ist – die findest du im Bastelgeschäft oder aber im Supermarkt bei den Gewürzen
- Dickere Bastelschnur
- Heißklebepistole
- Papiertüten zum Verschenken
- Untersetzer aus Glas oder etwas anderem Hitzebeständigen, worauf du die Kerzen stellen kannst

Leg die Schnur auf den Tisch, platziere die Zimtstangen parallel nebeneinander darauf. Nun gibst du ein paar Tropfen Heißkleber auf die Zimtstangen, legst eine Kerze darauf und versuchst, das Ganze langsam zusammenzurollen. Wahrscheinlich musst du ein bisschen ausprobieren, bis du weißt, wie viele Zimtstangen du tatsächlich brauchst. Verknote die Schnur mit einer Schleife. Packe die Kerzen (nachdem der Kleber getrocknet ist) zum Verschenken in schöne Papiertüten oder stell sie für dich selbst auf einen hitzebeständigen Untersetzer.

DEIN WINTER-Moodboard: WAS MACHT DEINEN WINTER SCHÖNER?

Du kennst es schon aus den anderen Jahreszeiten:
Klebe, male, schreibe alles auf diese Doppelseite, was dir zu der Frage einfällt. Es gibt keine Grenzen! 😌

WAS *schenkt* MAN EIGENTLICH JUNGS/MÄNNERN ZU WEIHNACHTEN???

Die Frage hast du dir sicher auch schon mal gestellt, oder? Ich finde es selbst so schwierig, mir für meine Brüder und meinen Papa Geschenkideen auszudenken. Trotzdem hoffe ich, dass bei den Ideen auf dieser Seite vielleicht ein paar Sachen dabei sind, die du (vielleicht auch mit anderen zusammen) dieses Jahr verschenken kannst! Das Wichtigste ist immer, auch zu anderen Zeiten als kurz vor Weihnachten oder dem Geburtstag darauf zu achten, was es so für Hinweise gibt. »Ich würde soo gern mal wieder auf ein Konzert!« oder Ähnliches ist immer ein Wink mit dem Zaunpfahl. 😉

- Coole Mütze/Beanie
- Sportsocken
- Boxershorts 😉 – ich glaube tatsächlich, damit macht man komischerweise nie etwas falsch!
- Coffee-to-go-Becher
- Sonnenbrille
- Rezeptebuch für Burger oder zum Grillen
- Gutschein für Kino oder Konzert
- Reiseführer oder anderes Buch über das Lieblingsland

UND, FÜR WELCHES GESCHENK HAST DU DICH entschieden?

Christmas-ROOM-Decor:
LEUCHTENDE NATUR

Dieses DIY ist ähnlich (und ähnlich einfach) zu den Halloween-Gruselgläsern von Seite 95. Du benötigst nicht viel und hast trotzdem schnell einen superweihnachtlichen Effekt!

WAS DU DAFÜR BRAUCHST:

- Hohe Glasgefäße oder Vasen
- LED-Lichterketten (batteriebetrieben)
- Kiefernzapfen (gibt es auch im Bastelgeschäft, wenn du keinen Wald in der Nähe hast)
- Je nach Belieben Goldspray

Wenn du möchtest, sprühe die Zapfen vorher mit Goldspray an (Unterlage vorher unbedingt mit Zeitungspapier abdecken) und lass sie gut trocknen. Danach brauchst du nur noch die Zapfen in die Glasgefäße geben und die Lichterketten in den Gefäßen schön um die Zapfen herumdrapieren.

Goldene Kerzenhalter

Diese einfachen Kerzenhalter eignen sich besonders für gerade, schlichte Kerzen, sehen aber auch mit »Twisted candles« (siehe DIY auf Seite 112) superschön aus.

WAS DU DAFÜR BRAUCHST:

- Deko-Glasflasche(n) (du kannst aber auch leere, ausgespülte und vom Etikett befreite Saft- oder Weinflaschen von deinen Eltern nehmen)
- Acryl-Metallic-Spray in Kupfer, Silber, Roségold oder Gold

Breite etwas Zeitungspapier auf dem Boden oder dem Tisch aus und stell die Flaschen mit genügend Abstand zu Möbeln und Wänden auf. Am besten öffnest du von Anfang an die Fenster zum Lüften! Sprühdose gut schütteln (!) und die Flaschen gleichmäßig aus ca. 20-30 cm Entfernung einsprühen. Lass die Flaschen danach gut trocknen. Wenn sie trocken sind, kannst du die Kerzen unter Aufsicht von Erwachsenen in den Flaschenhals stecken und dich an einem selbst gemachten Kerzenhalter erfreuen. 😌

IT'S THE MOST

wonderful

time

OF THE YEAR!

YAY!

MEINE Lieblings-HÄKEL-Samt-SCRUNCHIES

Whaaat, gehäkelte Scrunchies??? Ja, klar! Mach dir einfach deine eigenen Haargummis in deiner liebsten Farbe, damit sie genau zu dir passen.

WAS DU DAFÜR BRAUCHST:

- Samtwolle (oder eine andere Wolle, aber Samtwolle ist einfach soo weich und kuschelig!)
- Passende Häkelnadel
- Haargummis, um die die Scrunchies herumgehäkelt werden

Forme mit der Wolle eine Schlaufe, die du durch den Haargummi hindurch schlängelst. Geh mit der Nadel in die Schlinge hinein, nimm den langen Faden (wie auf Seite 72 erklärt) in die linke Hand und mach drei Luftmaschen. Beginne danach, Stäbchen zu häkeln:* Nimm einen Umschlag auf die Nadel, »steche« durch den Haargummi hindurch und hol den Arbeitsfaden hoch. Zieh ihn durch die ersten beiden Schlaufen auf der Nadel durch, hol ihn erneut mit dem Häkchen und zieh ihn dann durch die anderen beiden entstandenen Schlaufen. Wenn du beim Stäbchenhäkeln den Anfangsfaden parallel zum Haargummi hältst, häkelst du ihn ein, sodass er nicht mehr zu sehen ist. Praktisch! Häkle einfach so weiter, bis du einmal die Runde gemacht hast. Schiebe die Maschen auf dem Haargummi schön eng zusammen, damit der typische Scrunchie-Effekt entsteht. Zieh die letzte Schlaufe weit auf, schneide den Faden ab, ziehe ihn durch die Schlaufe heraus und verknote Anfang und Ende.

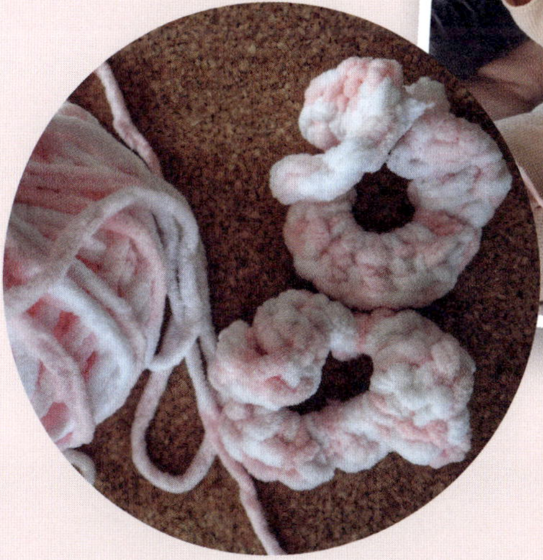

*Am besten suchst du dir zum Stäbchenhäkeln ein Video im Internet, dann siehst du gleich, wie es in der Praxis funktioniert!

LET IT SNOW,
let it snow,
LET iT SNOW …

GET ENERGIZED!

MAVIES ENERGIE-SCHNEEBÄLLCHEN

Im Winter fehlt einem manchmal einfach die Energie. Es ist dunkel, kalt, grau, nass - und man will eigentlich nur schlafen. Oder? Ich brauche total oft am Nachmittag noch irgendeinen Snack zwischen Mittag- und Abendessen, weil da die Energie oft auf dem Tiefpunkt ist, ich aber noch total viel machen will: Vokabeln lernen, Sport, Aufräumen … 😉 Da spricht auch überhaupt nichts dagegen und es muss ja auch nicht gleich Supermarktschokolade sein! Dieses easy Rezept für Energy Balls gibt dir schnell Energie, sodass du topfit und motiviert wieder weitermachen kannst! Außerdem sehen sie aus wie kleine Schneebälle, sodass sie quasi zur Weihnachtsdeko werden. 😉

WAS DU DAFÜR BRAUCHST:

- 150 g Cashewkerne
- 4 EL Honig
- 4 EL Kokosmus
- 100 g Kokosraspeln + zusätzlich 50 g zum Wälzen 😌
- 4 Datteln
- Ein bisschen abgeriebene Schale einer Bio-Zitrone

Heize den Backofen auf 150 °C (Ober-/Unterhitze) vor. Leg ein Backblech mit Backpapier aus und gib die Cashewkerne darauf - gut verteilen! Wenn der Ofen vorgeheizt ist, röste sie für ca. 15 Minuten, bis sie goldbraun schimmern. Abkühlen lassen und in einer Küchenmaschine mahlen.

Entsteine und hacke die Datteln. Gib alle Zutaten (außer die zusätzlichen 50 g Kokosraspeln) zusammen in eine Schüssel und verknete sie mit den Händen zu einer gleichmäßigen Masse.

Befeuchte deine Hände, um Kugeln aus der Masse zu formen, und wälze diese in den Kokosraspeln. Am besten bewahrst du die Schneebällchen danach im Kühlschrank auf. Wenn sie überhaupt so lange halten … 😀

YAY, WIE SCHÖN, DASS DU MEIN BUCH GELESEN HAST!

Ich hoffe, ich konnte dir viele neue Ideen zeigen, wie du dein Zimmer verschönern, deinen Style verändern und dein Leben ein bisschen bunter machen kannst. Ich freu mich, dass du dabei warst, und wünsche dir viel Spaß beim Ausleben deiner Kreativität – denn wir sind alle auf unsere Art kreativ!
Bleib ganz du selbst, aber trau dich ruhig ab und zu, neue Dinge auszuprobieren. Kleine Veränderungen können sooo schön sein!
Viel Spaß dabei,

Deine Mavie

Mavie Noelle

YouTube: Mavie Noelle / Instagram: @mavie_noelle

Große Dinge beginnen oft ganz klein: Mit sechs Jahren stellte die Schülerin Mavie Noelle erstmals ein Frisuren-Tutorial ins Internet. Was eher als Spaß gedacht war, entwickelte sich über Nacht zum absoluten Hit. Heute gehört Mavie mit über 800.000 YouTube-Abonnent:innen und über 400.000 Follower:innen auf Instagram zu den erfolgreichsten Influencerinnen. Ihre Videos zu Themen wie Schule, Sport, Hobbys und Freundschaft wurden bisher über 300 Millionen Mal angeklickt, doch auch Mavies Bücher begeistern die Fans.

Foto Cover: Mavie Noelle

Illustrationen Cover: BUCH & DESIGN Vanessa Weuffel; www.shutterstock.com: Dedraw Studio, HAKINMHAN, Johanna Martin, KlavdiyaV, MOJX Studio, mhatzapa, Sve_M

Fotos Innenteil (S. 4, 10, 14/15, 16/17, 19, 20, 23, 29, 33, 37, 40, 44, 46, 53, 56, 58, 59, 63, 69, 70, 72, 77, 81, 83, 89, 93, 94, 98, 106, 109, 117, 121, 123, 124, 126): Mavie Noelle

Hintergründe, Vignetten und Illustrationen Innenteil: BUCH & DESIGN Vanessa Weuffel; www.shutterstock.com: 279photo Studio, Africa Studio, Agnes Kantaruk, Alas_spb, Alexander Baumann, Anastasia Panfilova, Anastasiia Smiian, Anna Klepatckaya, Anna_Pustynnikova, Artem Markin, Baksiabat, Bobnevv, BudOlga, BW Folsom, CarlosDavid, CHUYKO SERGEY, CloudyStock, deep purple design, Design_by_elen, Dev_Maryna, Dmitriy Proshkin, Fihar Dimastyo, Flaffy, Floral Deco, Followtheflow, FTanya, galyakiss, Guy' s Art, HAKINMHAN, Hulinska Yevheniia, In Art, Ja is so fly, Jennylynn Fields, Johanna Martin, JosepPerianes, Juli Motovilova, Julia Karo, Katya Havok, KlavdiyaV, Koy Jang, lena_nikolaeva, Leontiev Vitaly, local_doctor, lucky strokes, Margarita Stromets, Mark Breck, Marusya Palkina, merrymuuu, mhatzapa, Milat_oo, Moi_Mio, MOJX Studio, Nadya Galanicheva, Nongnuch_L, Pacharawan, patronestaff, pics five, Ravenzcore, Rawpixel.com, Roman Sigaev, Sebastian Enache, Sve_M, Tania Khalaziy, tanyabosyk, TasiPas, tete_escape, thitiwat_t1980, Toer Idea, TWStock, VictoriaArt, waranya_photo, Woskresenskiy, ya_blue_ko, YummyBuum, Zamurovic Brothers, Zaytseva Larisa, Zodar, zuperia; Getty Images: fleaz, Polina Tomtosova, Ruslana_Vasiukova; Unsplash: corey oconnell, Shashi Chaturvedula

Gestaltung Cover und Innenteil: BUCH & DESIGN Vanessa Weuffel

Text: arsEdition GmbH in Zusammenarbeit mit Mavie Noelle

Dieses Werk wurde vermittelt durch die Textbaby Medienagentur, www.textbaby.de

ISBN 978-3-8458-4900-3

www.arsedition.de

FSC www.fsc.org MIX Papier aus verantwortungsvollen Quellen FSC® C018236